사람을 품어
나라를 세우다

스푼북은 마음부른 책을 만듭니다. 맛있게 읽자, 스푼북!

사람을 품어 나라를 세우다

초판 1쇄 발행 2017년 06월 15일
초판 7쇄 발행 2023년 04월 03일

글 이규희 | 그림 최현묵

ⓒ 2017 이규희
ISBN 979-11-88283-00-2 73810

* 저작권법에 의하여 한국 내에서 보호를 받는 저작물이므로 무단 전재와 무단 복제를 금합니다.
* 이 도서의 국립중앙도서관 출판시도서목록(CIP)은 e-CIP홈페이지(http://www.nl.go.kr/ecip)와
  국가자료공동목록시스템(http://www.nl.go.kr/kolisnet)에서 이용하실 수 있습니다. (CIP제어번호 : CIP2017010540)
* 책값은 뒤표지에 있습니다.

발행처 주식회사 스푼북 | **발행인** 박상희 | **출판신고** 2016년 11월 15일 제2017-000267호
제조국 대한민국 | **주소** (03993) 서울시 마포구 월드컵북로 6길 88-7 ky21빌딩 2층
전화 02-6357-0050(편집) 02-6357-0051(마케팅)
팩스 02-6357-0052 | **전자우편** book@spoonbook.co.kr

＊10세 이상 어린이 제품

	제품명 사람을 품어 나라를 세우다	**제조자명** 주식회사 스푼북	**제조국명** 대한민국	⚠ 주 의
	전화번호 02-6357-0050			
	주소 (03993) 서울시 마포구 월드컵북로 6길 88-7 ky21빌딩 2층			아이들이 모서리에 다치지
	제조년월 2023년 04월 03일	**사용연령** 10세 이상		않게 주의하세요.
	※ KC마크는 이 제품이 공통안전기준에 적합하였음을 의미합니다.			

사람을 품어 나라를 세우다

이규희 글 | 최현묵 그림

스푼북

작가의 말

봄 햇살 같은 따스한 온기를 마음에 품고

 '왕건'에 관한 동화를 쓰려고 자료 조사를 하다 보니 그 속에 수많은 사람이 눈을 뜨고 있었다. 나라가 망해 가는데도 오로지 자신의 즐거움만을 위해 사치와 향락을 일삼던 진성 여왕, 그 곁에서 권력을 얻으려고 아부하는 간신배들, 먹고살려고 도적이 되어 온 나라를 휘저은 농민들, 그 틈바구니에서 자신의 야망을 펼치려고 떨쳐 일어선 견훤과 양길, 그리고 수많은 호족들……. 그중에서 가장 안타까운 사람은 궁예였다.

 신라의 왕자로 태어났으나 버림받고 애꾸눈이 된 채 남모르게 유모의 손에서 자라야 했던 그는 마음속에 늘 신라에 대한 원한이 가득 차 있었다. 결국 궁예는 어렵게 나라를 세웠지만 유년 시절의 불행한 기억에 갇힌 채 비참한 최후를 맞고 만다.

 하지만 왕건은 정반대였다. 부유한 호족 가문에서 태어나 남부러울 것 없이 행복한 유년을 보낸 왕건은 남을 배려할 줄 알고, 남의 고통을 이해할 줄 알고, 자기가 가진 것을 나눌 줄 아는, 아량과 덕

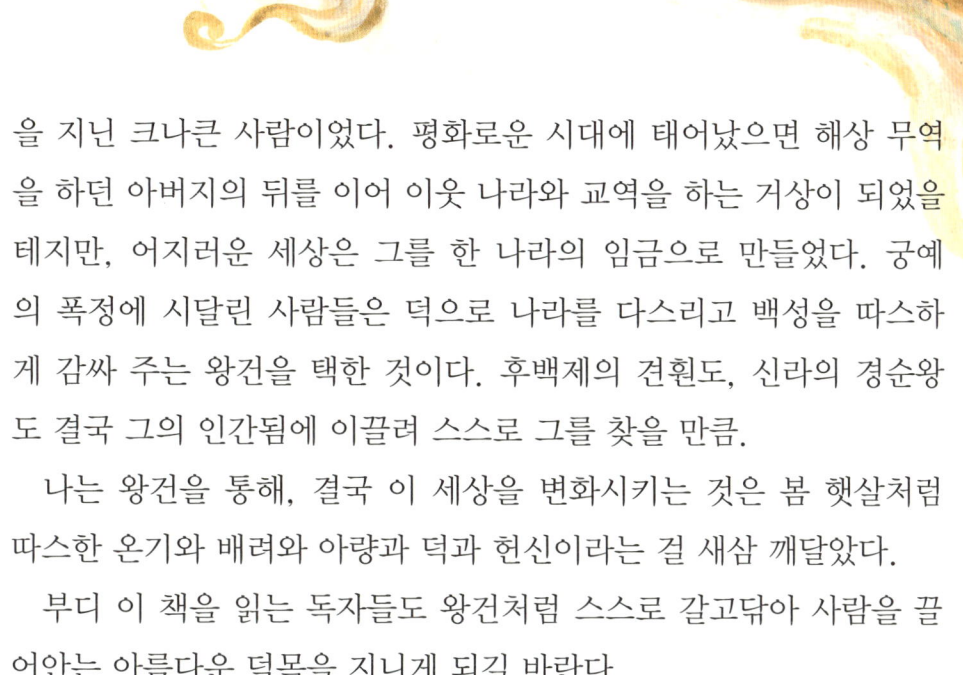

을 지닌 크나큰 사람이었다. 평화로운 시대에 태어났으면 해상 무역을 하던 아버지의 뒤를 이어 이웃 나라와 교역을 하는 거상이 되었을 테지만, 어지러운 세상은 그를 한 나라의 임금으로 만들었다. 궁예의 폭정에 시달린 사람들은 덕으로 나라를 다스리고 백성을 따스하게 감싸 주는 왕건을 택한 것이다. 후백제의 견훤도, 신라의 경순왕도 결국 그의 인간됨에 이끌려 스스로 그를 찾을 만큼.

   나는 왕건을 통해, 결국 이 세상을 변화시키는 것은 봄 햇살처럼 따스한 온기와 배려와 아량과 덕과 헌신이라는 걸 새삼 깨달았다.

   부디 이 책을 읽는 독자들도 왕건처럼 스스로 갈고닦아 사람을 끌어안는 아름다운 덕목을 지니게 되길 바란다.

동화 작가 **이규희**

차례

아침 해는 떠오르고 8

거룻배를 타고 아버지 마중을 가다 13

서해 바다를 떠도는 난민들 28

새로 얻은 동생 별이 40

노란 띠를 두른 초적들 48

나를 지키고, 집안을 지키고, 나라를 지키는 길 59

송악에 궁궐을 짓다 67

궁예가 세운 나라 83

다시 철원성으로 89

쫓겨 가는 궁예 103

고려의 임금에 오르다 115

안타까운 공산 전투 123

무너지는 후백제 131

드디어 이룬 삼한 통일 141

저녁 해는 지고 146

후삼국 시대 연표 150

아침 해는 떠오르고

아슴푸레 먼동이 밝아 왔다. 그 사이로 어디선가 아이들의 웃음소리가 들려온다. 나무 막대기를 들고 예성강 모래밭을 뛰어다니며 칼싸움하는 아이들도 보인다. 벌써 며칠째인가? 자리에 누워 가물가물 정신을 잃어 가던 나는 저절로 입가에 웃음이 번졌다.

'그때가 정말 좋았지.'

까마득히 잊고 있었던 어린 시절의 추억이 한 올 한 올 실타래처럼 풀려 나왔다. 문득 아이들과 강어귀 모래섬까지 누가 먼저 건너가나 시합하던 때가 떠올랐다. 누구보다 지기 싫어하는 나는 가장 먼저 강물 속으로 풍덩 몸을 던졌다. 어느 틈에 천둥이가 열심히 물살을 가르며 나를 앞질러 갔다. 천둥이는 비록 머슴의 아들이지만, 어릴 때부터 같이 자란 동무였다. 힘이 장사에다 덩치가 커서 신라 제일의 장군이 되는 게 꿈인 아이였다.

하지만 천둥이는 우직하고 힘만 셀 뿐 꾀가 없었다. 그러니 헤엄칠 때도 힘을 쓸 때가 있고 힘을 뺄 때가 있다는 걸 알 리가 없었다. 죽어라 앞만 보고 팔을 내젓던 천둥이가 지쳤는지 속도가 느려지자, 때를 놓치지 않고 내가 냅다 앞으로 치고 나갔다.

"하하, 내가 이겼지?"

"아휴, 다 이긴 걸 놓쳐 버렸네요. 도련님, 언제 그렇게 헤엄 실력이 늘었어요?"

천둥이가 숨을 몰아쉬며 툴툴거렸다. 다른 아이들도 천둥이 뒤를 이어 하나둘 모래섬으로 건너왔다. 아무리 한낮이지만 찬 강물에 몸을 담근 채 헤엄을 치느라 아이들의 입술은 푸르뎅뎅했다. 온몸에 오스스 닭살이 돋고 배에서 꼬르륵 소리가 났다. 부지런한 천둥이는 어느 틈에 나뭇가지를 모아 모닥불을 지폈다.

"뭐 먹을 게 없을까?"

나는 허기진 얼굴로 주변을 둘러보았다.

"형, 저건 어때?"

옆에 있던 시헌이 한창 열매를 맺고 있는 콩 줄기를 보며 실실 눈웃음을 지었다. 시헌이는 사찬이라는 벼슬을 지낸 할아버지를 닮아 글공부도 잘하고 꾀가 많았다. 사찬 어른이 아이들을 모아 글을 가르칠 때도 실력이 가장 뛰어나 내 부러움을 사곤 했다.

"안 돼! 그러다가 주인한테 들키면 어쩌려고?"

나는 고개를 설레설레 저었다.

"에이, 형! 여기 우리 말고 누가 있다고 그래? 조금만 꺾어다 구

워 먹자."

시헌이 벌떡 일어나 콩밭으로 달려갔다. 아이들도 기다렸다는 듯 콩밭으로 몰려갔다.

얼마 지나지 않아 아이들은 저마다 손에 통통하게 여문 콩 가지를 들고 나왔다.

"야아, 꿀맛이야, 꿀맛!"

아이들은 모닥불에 구운 설익은 풋콩을 까먹느라 입언저리에 온통 검댕을 묻힌 채 시시덕거렸다.

그때였다.

"네, 이놈들!"

갑자기 강 건너에서 누군가 배를 저어 모래섬으로 다가오며 고함쳤다. 아이들이 콩 서리하는 걸 본 콩밭 주인이었다.

"어서 뛰어!"

아이들은 누가 먼저랄 것도 없이 후다닥 강물로 뛰어들었다. 하지만 어찌 된 일인지 나는 한 발자국도 움직일 수가 없었다.

"도련님, 어서요! 어서!"

천둥이가 앞서 가며 안타깝게 손짓했다. 그런데도 나는 발목에 쇳덩어리라도 달아 놓은 듯 몸을 움직일 수가 없었다. 콩밭 주인한테 잡혔다간 볼기를 맞을 게 뻔한데.

"처, 천둥아…… 천둥아, 시헌아, 같이 가. 나 좀 데리고 가. 어서……."

나는 안타깝게 손을 내저었다.

그때 누군가가 나를 부르는 소리가 어렴풋이 들려왔다.
"폐하, 폐하! 정신이 드셨나이까?"
"폐하께서 깨어나셨다! 어서 어의를 들라 이르라!"

간신히 눈을 떠 보니 나를 빙 둘러싸고 앉은 사람들의 얼굴이 눈앞에 어른거렸다. 한평생 내 곁에 있던 사람들이었다. 첫째 왕비 유씨 부인, 둘째 왕비 오씨 부인, 태자 무를 비롯한 왕자들과 공주들, 박술희 장군, 평생 나를 지켜 주던 호위 무사 천둥이, 책사 꾀를 써서 계획을 세워 왕을 돕던 사람 시헌이……

"…… 그, 그대들이 모, 모두, 모였구나……"

나는 마른 입술을 달싹였다. 하지만 그 소리는 목 안에서만 감돌 뿐 입 밖으로 나오지 않았다.

"오오, 폐하! 폐하께서 뭐라 말씀을 하십니다."
"우리를 알아보신 게야."

그들은 나를 들여다보며 반갑게 외쳤다. 하지만 나는 또다시 아주 먼 옛날, 꿈결 같았던 그 시절로 돌아가고 있었다.

거룻배를 타고
아버지 마중을 가다

"어머니, 오늘 아버지 오시는 날이지요?"

"그래, 벌써 두 달이나 집을 떠나 계셨으니 얼마나 고단하시겠느냐? 그래도 무사히 돌아오시니 얼마나 다행인지……."

어머니는 눈물을 글썽였다. 사실 송악_{지금의 개성}의 이름난 호족_{통일 신라 말기에 정치·경제적으로 성장한 지방의 세력가}이자, 상단_{상인 단체}의 최고 우두머리인 아버지가 직접 행수_{상단 어느 한 무리의 우두머리}들을 거느리고 장안_{중국 당나라의 도읍}에 가는 건 일 년에 한두 번 있는 일이었다. 아버지는 그럴 때마다 장안의 내로라하는 상단의 우두머리와 직접 만나 중요한 결정을 내렸다.

아버지가 돌아오시는 날은 집 안이 온통 잔칫집 분위기였다. 어머니는 여자 하인들을 데리고 아버지와 뱃사람들을 위해 먹음직스러운 음식을 장만하느라 분주했다. 남자 하인들도 바쁘긴 마찬가지였다. 서둘러 곳간과 창고를 치우느라 눈코 뜰 새 없었다. 이제 그 창고 가득 비단이며 자기, 약재, 호피, 서책, 악기, 향료들이 가득 차게 될 테니까. 아버지가 사 온 물품은 대부분 서라벌의 귀족들이 즐겨 찾는 귀한 물건들이었다.

나는 들뜬 마음으로 대문 밖을 서성거렸다. 그때 천둥의 아버지, 붙들이 아저씨가 말을 끌고 집을 나섰다. 배가 예성항에 닿으면 아버지가 타고 올 말이었다.

"아저씨, 나도 갈래. 나 좀 태워 줘."

"알았구먼요."

붙들이 아저씨는 나를 번쩍 안아 말에 태웠다. 붙들이 아저씨가 말고삐를 잡고, 천둥이는 옆에서 종종걸음을 쳤다. 말 등에 올라타자 멀리 북쪽으로 소나무가 울창하게 들어선 송악산이 눈에 들어왔다.

나는 언젠가 아버지가 들려준 이야기를 떠올렸다.

"이 산의 원래 이름은 부소산이었다. 그런데 하루는 한 귀인_{사회적 지위가 높은 귀한 사람}이 집 앞을 지나다가 너의 선조인 강충 어른께, '저 부소산에 소나무를 심어 숲이 울창해지면 집안에 큰 인물이 날 게요.'라고 귀띔해 주었단다. 강충 어른은 그때부터 소나무를 심기 시작했지. 몇 해가 지나 숲이 울창해지자 사람들은 부소산을 송악산으로 바꿔 불렀단다."

"그 옛날부터 조상님들이 송악에 살기 시작하신 거예요?"

나는 눈을 반짝이며 물었다. 아주 먼 옛날부터 조상들이 송악에 자리를 잡고 살아왔다는 게 신기했다.

"하하, 그런 셈이지. 강충 어른은 그 후 아들 보육을 낳았단다. 보육 어른께선 잠시 지리산에 들어가 수도를 하셨어. 그 어른이 하루는 산봉우리에 올라가 오줌을 누는 꿈을 꾸었는데, 그 오줌이 온 세상에 가득 차고 넘쳐 은빛 바다를 이루더라는 게야. 하도 기이한 꿈이라 큰스님께 여쭤 보았더니 장차 큰 인물을 낳게 될 거라는 해몽을 해 주셨다는구나. 그 후 보육 어른께선 참한 규수와 혼인하여 딸 둘을 얻었단다. 그중 둘째 딸이 자라 혼인하여 바로 네 할아버지인 작제건 어른을 낳으신 게다. 네 할아버지는 어른이 되자 선조가 살았던 이곳 송악으로 옮겨 오신 게고."

"할아버지는 송악에서 아버지를 낳으시고, 아버지는 또 저를 낳으신 거지요?"

"하하, 그렇고말고. 송악은 우리 가문과 인연이 깊은 땅이란다. 조상 대대로 뿌리를 내리고 번성시켜야 할 귀한 땅이지."

나는 송악산을 바라보며 중얼거렸다.

'그래, 나도 조상님들이 심고 가꾼 저 소나무처럼 푸르고 꿋꿋하게 자랄 거야!'

얼마쯤 가자 저만치 나루터가 보였다. 크고 작은 배들이 나루에 빼곡히 들어차 있었다. 대부분은 아버지의 배였다.

"도련님, 나오셨습니까?"

나루터에 모여 있던 뱃사람들은 나를 보고 허리를 굽혀 인사했다. 마중을 나온 행수 모루도 보였다. 아버지를 도와 온갖 상단 일

을 도맡아 하는 믿음직스러운 사람이었다.

"모루 행수, 아버지는?"

"하하, 저기 보이십니까? 쌍돛을 단 배가 들어오지 않습니까? 보나 마나 진기한 물건이 가득 실려 있을 겝니다."

"아버지! 아버지!"

아버지를 빨리 보고 싶던 나는 까치발을 한 채 두 손을 이마에 대고 소리쳤다. 하지만 배는 너무 멀리 있었다. 그때 나루터에 죽 대 놓은 거룻배들이 눈에 띄었다.

'옳지!'

나는 사람들이 어수선한 틈을 타서 살그머니 나루터로 내려갔다. 그러고는 재빨리 빈 거룻배에 올라 노를 저었다. 그런데 배는 빙그르르 맴돌 뿐 도무지 앞으로 나아가지 않았다. 하긴 가끔 뱃사람을 졸라 노를 몇 번 저어 본 게 고작이었으니 그럴 만도 했다.

'어쩌지?'

왈칵 두려움이 몰려왔다. 그러다가 문득 내가 탄 배가 뒤집힌다 해도 헤엄을 잘 치니 괜찮을 거라는 생각이 들었다. 두려움이 가시자 노를 쥔 손목이 점점 부드러워졌다. 배는 천천히 강물 위를 미끄러져 나아갔다.

거룻배를 탄 나를 보고 사람들이 발을 동동 굴렀다.

"도련님, 안 돼요! 어서 멈추세요, 위험해요!"

"어서 돌아오세요!"

붙들이 아저씨와 천둥이도 울먹이며 외쳤다. 하지만 나는 아랑

곳하지 않고 천천히 노를 저어 아버지의 배 쪽으로 나아갔다. 허둥지둥 거룻배를 타고 내 뒤를 쫓아오는 사람들이 보였다. 나는 마치 그들을 놀리듯 더욱 세차게 노를 저었다.

'아버지가 나를 보면 얼마나 기뻐하실까?'

나는 가슴이 두근거렸다.

얼마쯤 노를 저어 가자 마침내 산처럼 큰 아버지의 배가 눈앞에 나타났다. 하지만 어찌 된 일인지 내가 탄 배가 아버지의 배 쪽으로 다가갈수록 잔잔하던 물살이 마구 소용돌이쳤다. 거룻배는 금방이라도 시퍼런 물속으로 빨려 들어갈 것만 같았다.

"어, 왜 이러지?"

나는 와락 겁에 질린 채 노를 꽉 붙잡았다.

"도련님, 그냥 노를 놓은 채 물살에 배를 맡기세요! 어서요!"

무역선 뱃전에 기대어 나를 내려다보던 사공들이 외쳤다. 내 뒤를 따르던 거룻배들은 차마 가까이 다가오지 못한 채 내가 탄 배 주위에서 어물거렸다. 행여 억지로 배를 가까이 댔다가 소용돌이에 배가 뒤집힐까 염려한 것이다.

"건아, 거기 있어라! 내가 내려가마!"

어느 틈에 아버지가 뱃전에 나와 소리쳤다. 아버지는 날렵하게 줄사다리를 타고 내려와 뱃사공들이 내려놓은 작은 배에 옮겨 탔다. 그러고는 능숙한 솜씨로 노를 저어 내가 탄 거룻배 위로 올라왔다.

"아버지!"

나는 아버지를 보자 왈칵 눈물이 솟구쳤다.

"이제 됐다. 걱정 마라."

아버지는 하얗게 질린 나를 태운 채 거룻배를 저어 나루터로 돌아왔다.

"아이고, 왕륭 어른께서 돌아오셨구먼."

"당나라 장안까지 가서서 송악 인삼이며 호랑이 가죽, 약초, 화문석 꽃의 모양을 놓아 짠 돗자리을 팔아서 진기한 물건들을 잔뜩 사 오시는 길이라더군."

사람들은 아버지를 우러러보며 호들갑을 떨었다.

바리바리 짐을 실은 마차들이 줄지어 집 쪽으로 향했다. 짐꾼들은 등짐을 진 채 부지런히 그 뒤를 따랐다.

"어서 가자."

아버지는 말안장 앞에 나를 앉히고 집으로 말을 몰았다. 또각또각 말발굽 소리가 유난히 크게 들려왔다.

조금 뒤, 날아갈 듯 우뚝 솟은 솟을대문이 저만치 보였다.

"무사히 다녀오셨습니까?"

어머니가 옷을 곱게 차려입고 대문 밖까지 마중을 나왔다. 곱게 화장하고, 머리에는 화려한 산호와 옥으로 치장하고 진주 뒤꽂이 쪽을 찐 머리 뒤에 덧꽂는 비녀 이외의 장식품를 꽂은 어머니는 여느 왕비 못지않게 우아하고 아름다웠다.

"그동안 별일 없었소? 안으로 들어갑시다."

나는 잔뜩 주눅 든 얼굴로 아버지를 따라 사랑채로 들어갔다.

아버지가 집에 있을 때 머무는 별채였다.

"건아, 어찌하여 거룻배를 타고 마중 나올 생각을 했더냐?"

오랜만에 만난 아버지에게 절을 올리고 나자 아버지가 넌지시 물었다.

"아버지를 조금이라도 더 빨리 뵙고 싶었어요."

"겁이 나지 않았느냐?"

"네, 처음에는 겁이 났지만 두려운 마음을 버리자 배가 부드럽게 나아갔어요. 하지만 무역선 가까이 다가가자 갑자기 물이 소용돌이치는 바람에 어쩔 줄 몰랐습니다."

나는 새삼 두려운 얼굴로 울먹이며 말했다.

아버지는 나를 물끄러미 바라보았다.

"건아, 모든 건 마음먹기에 달렸다는 말을 아느냐? 네가 두려움을 버리자 배가 부드럽게 나아갔다고 했지? 참으로 잘한 일이다. 하지만 물길은 장애물을 만나면 더 거세지는 법이다. 그럴 때는 어찌해야 하는지 아느냐?"

"모, 모르겠어요."

나는 뭐라 대답해야 할지 몰라 우물거렸다.

"그럴 때는 물길을 거스르려 하지 말고 몸을 맡기면 되느니라. 사람도 마찬가지다. 힘을 가하면 가할수록 거칠어지는 법이지. 그러니 상대가 강하게 나오면 너는 반대로 상대를 부드럽게 대할 줄 알아야 한다. 그게 이기는 법이다. 내가 당나라에 가서 물건을 흥정할 때도 그러했다. 상대가 강할 때는 부드럽게, 부드러울 때는

강하게. 그게 이 아버지가 사람을 대하는 법이다."

"네, 아버지!"

나는 알 듯 모를 듯 고개를 끄덕였다.

"하지만 건아, 오늘 너를 보니 새삼 이 아버지의 마음이 뿌듯하구나. 어느 틈에 혼자 배를 몰고 이 아버지를 마중 나올 만큼 자랐다니, 허허!"

아버지는 잔잔하게 웃었다. 아버지의 웃는 얼굴을 보자 나는 마음이 놓였다.

마당으로 나오자 그사이 짐꾼들이 마당 한가득 짐을 부려 놓았다. 비단을 들여놓은 마당은 마치 한여름의 꽃밭처럼 알록달록 고운 빛으로 물들었다.

"저런 꽃분홍 비단옷 한번 지어 입어 봤으면!"

여자 하인들이 우르르 몰려나와 비단을 만지며 부러워했다.

어머니는 아낙네들과 함께 푸짐한 음식을 차려 내왔다.

"어서들 들게. 아무리 당나라의 음식이 산해진미_{산과 바다에서 나는 온갖 진기한 재료로 차린, 맛이 좋은 음식}라 한들 고향 음식만 하겠는가?"

"아이고, 마님! 음식이 입에 안 맞아서 배가 그저 등가죽에 달라붙었답니다."

배를 타고 온 사람들은 객방_{손님이 묵는 방}에 들어앉아 삶은 고기에 국이며 떡, 전, 나물, 생선을 입 안 가득 퍼 넣었다.

"이래서 우리가 왕륭 어른 곁을 못 떠나는 거라네."

"암, 아무리 보리 흉년에도 이 어른 밑에만 있으면 식구들 굶기지 않을 거라는 믿음이 있으니까."
 사람들은 환한 얼굴로 정신없이 음식을 먹었다.

 아버지가 돌아오신 뒤 집 안은 어느 때보다 북적거렸다.
 그러던 어느 날이었다.
 "건아, 나하고 같이 나가자꾸나."
 아버지는 나를 태운 채 말을 몰아 예성강 나루터 쪽으로 갔다. 나는 영문을 몰랐지만 무슨 일이냐고 묻지 않았다.
 나루터는 여전히 수많은 사람들로 붐볐다. 나루터를 지나 한적한 포구로 내려가자, 망치질 소리가 요란하게 나고 송진 냄새가 코끝에 확 풍겨 왔다. 마당에는 나무 판자며 나무 부스러기, 톱밥이 여기저기 산더미처럼 쌓여 있었다. 배를 만드는 곳이었다.
 "아이고, 어르신! 나오셨습니까?"
 수염이 덥수룩한 덕보 아저씨가 깍듯이 인사했다. 가끔 아버지를 찾아오곤 하던 배를 만드는 장인이었다.
 "그래, 다 만들었는가?"
 "그럼요, 벌써 저기 물가에 띄워 놓았습지요."
 "하하, 그런가. 어서 앞장서게."
 아버지는 휘적휘적 덕보 아저씨를 따라갔다. 나도 무슨 일인가 싶어 고개를 갸우뚱하며 그 뒤를 따랐다. 나루터에는 갓 만든 작은 배 한 척이 강물에 둥실 떠 있었다.
 "음, 모양새가 보기 좋구먼. 날렵하게 빠졌어."

"몇 년 전에 베어다 말려 놓은 소나무로 만들어서 아주 가볍고 단단하답니다. 뒤틀림도 없고요."

"하하, 자네 솜씨야 송악에서 따라올 사람이 없지. 내가 그 먼 당나라까지 무사히 다녀오는 것도 다 자네가 배를 잘 만든 덕분이지. 암, 그렇고말고."

아버지는 진심으로 덕보 아저씨를 칭찬했다. 그러다가 나를 보며 인자하게 웃었다.

"건아, 저건 아버지가 네게 주는 생일 선물이니라."

"네에? 그게 정말이에요?"

나는 화들짝 놀라 소리쳤다.

"하하, 무얼 그리 놀라느냐? 지난번에 보니 배를 다루는 솜씨가 제법이더구나. 너도 이제 열한 살이면 네 배 한 척쯤 가질 나이가 되었지."

"아버지!"

나는 눈물이 날 만큼 기뻤다. 장차 아버지처럼 먼 바다로 나가 무역을 하고 싶은 내 마음을 아버지가 미리 알아차린 것이다.

나는 겅중겅중 배 위로 올라갔다. 소나무 향이 물씬 풍기는 나무배는 마치 나를 기다리고 있었다는 듯 물결을 따라 살랑살랑 흔들거렸다. 매끈하게 다듬어진 노를 천천히 젓자 배는 미끄러지듯 앞으로 나아갔다.

그날 이후 나는 날마다 물 만난 물고기처럼 예성강에 나가 살았다. 처음에는 서툴기만 하던 노 젓기도 점점 익숙해져 갔다. 물을 거슬러 올라가는 법이며 물살을 살피는 법을 알고 나니 깊은 강물도 두렵지 않았다.
　하루는 천둥이를 데리고 예성강으로 나가려는데 저만치 시헌이가 걸어가는 게 보였다.
　"어디 가는 길이니?"
　"집에 있다가 심심해서 나왔어. 형은?"
　"배를 타러 가는 길이란다. 너도 같이 가자."
　나는 천둥이와 시헌이를 데리고 예성강으로 갔다. 우리는 물가에서 건들거리는 작은 배에 올라탔다.
　"시헌 도련님, 우리 도련님 노 젓는 솜씨가 굉장합니다. 이대로 저 멀리 당나라까지 가실 수도 있을걸요."

"정말? 나도 당나라에 가 보고 싶어. 할아버지가 그러시는데 거기 가면 유명한 시인과 학자들을 많이 만날 수 있대. 하지만……."

시헌이는 시무룩한 표정을 지었다. 할아버지가 사찬이라는 벼슬을 지냈지만 워낙 청렴한 탓에 집안이 늘 가난하여 살림이 어려웠던 탓이다.

"거기 가면 낯선 나라 사람들이며 진기한 물건들도 많대. 우리 꼭 같이 가 보자."

나는 햇빛에 반짝이는 물결을 보며 꿈꾸듯 말했다.

서해 바다를 떠도는 난민들

나는 열두 살이 되었다. 하루가 다르게 키가 부쩍부쩍 자라고 몸집도 몰라보게 커졌다.

하루는 아버지가 사랑채에서 나를 불렀다.

"건아, 이달 중순에 상단을 꾸려서 산둥 반도 등주로 떠나려 한다. 어떠냐? 이번 장삿길에 널 데려가려 하는데."

"네에? 저를 데려가신다고요?"

"왜? 싫은 게냐?"

아버지는 짐짓 놀란 눈으로 물었다.

"아니에요! 좋아서 그런 거예요. 갈 거예요. 아버지를 따라갈 거예요. 제가 얼마나 바라고 바라던 일인데요!"

"천둥이 녀석도 함께 데려가도록 하려무나. 네 말이라면 죽는 시늉도 하는 녀석이니 대국 구경 한번 시켜 주어라."

"천둥이도요? 아버지, 고맙습니다! 고맙습니다!"
나는 그 자리에서 메뚜기처럼 펄쩍펄쩍 뛰었다.
"천둥아, 천둥아!"
나는 고꾸라질 듯 행랑채로 달려갔다.
"도련님, 무슨 일이에요?"
마루 끝에 앉아 팽이를 만들던 천둥이가 깜짝 놀라 물었다.
"천둥아, 이달 중순에 우리가 당나라에 간다! 바다 건너 저 멀리 산둥 반도 등주 땅에 가는 거야!"
"……."
천둥이는 도무지 믿기지 않았던 모양인지 입을 헤벌린 채 눈만 둥그렇게 떴다. 옆에 있던 붙들이 아저씨가 놀라 울먹였다.
"도련님, 고맙구먼요. 우리 천둥이에게 그렇게 큰 은혜를 내려 주셔서요. 노비 주제에 언제 그렇게 으리으리한 배를 타고 대국 땅을 밟아 보겠습니까?"
"붙들이 아저씨, 그게 무슨 말이야. 천둥이랑 나는 동무인걸."
"아유, 도련님! 누가 들으면 어쩌시려고요?"
천둥 어머니가 펄쩍 뛰며 손을 내저었다. 하지만 천둥이 부모는 그날부터 천둥이가 신을 짚신을 삼는다, 옷을 짓는다 야단이었다.
나는 날마다 당나라로 떠날 날만 손꼽아 기다렸다.
"시간이 왜 이리 더디 가지?"
마침내 내일이면 당나라로 떠나는 날이었다. 집 안은 또다시 술렁이고, 일꾼들은 물건을 꾸리고 쟁이느라 부산했다.

"건아, 낯선 곳에 가서 괜히 여기저기 돌아다니면 안 된다. 천둥아, 넌 꼭 도련님 곁에 붙어 서서 도련님을 잘 보살펴야 한다. 알았느냐?"

"네, 마님!"

천둥이는 벌써부터 마음이 들떠서 목소리가 하늘을 날아갈 듯 가벼웠다. 그때 뜻밖에도 사찬 어른이 집 안으로 들어섰다. 그 뒤로 시헌이가 쭈뼛거리며 따라왔다.

"앗, 사부님, 어쩐 일이세요? 시헌이 너도? 그렇잖아도 조금 이따가 인사드리러 가려던 참이었는데."

나는 반가운 마음으로 사찬 어른을 안으로 모셨다.

"이렇게 귀한 걸음을 해 주시다니요. 제 아들놈이 어르신 덕분에 글공부가 나날이 늘어 찾아뵙고 인사를 올리려 했습니다."

아버지는 사찬 어른을 반갑게 맞았다.

나는 사랑채 밖에 서서 시헌이에게 물었다.

"시헌아, 무슨 일이니?"

시헌이는 말문을 닫은 채 우물거리기만 했다. 그런데 조금 뒤 사랑채에서 아버지가 호탕하게 웃으며 나를 불렀다.

"하하하, 건아! 안으로 들어오너라. 시헌이도 같이!"

"무슨 일이지? 들어가 보자."

나는 시헌이와 함께 사랑채로 들어갔다. 아버지는 시헌이를 유심히 바라보다 활짝 웃으며 말했다.

"허허, 어린데도 인물이 참 훤하고 눈빛이 총명해 보이는구나.

내 오늘 사찬 어른께 네가 당나라 유학을 가고 싶어 한다는 말을 들었다. 그래, 내가 이번 등주 가는 길에 너를 데려가기로 했다. 장안까지 가는 길이며 학비도 마련해 주지."

"그, 그게 정말이세요? 고맙습니다! 정말 고맙습니다!"

시헌이는 기뻐서 어쩔 줄 몰랐다. 사찬 어른이 어린 시헌이를 위해 아버지에게 부탁한 게 틀림없었다.

아버지가 다시 말을 이었다.

"하지만 한 가지 약속할 게 있다. 네가 당나라에서 공부하고 돌아오면 넌 학문과 지혜가 뛰어난 학자가 되어 있을 게다. 그때 우리 건이를 도와 다오. 힘이 되어 달라는 말이다. 알겠느냐?"

"네, 그럴게요. 건이 형이 무슨 일을 하든 옆에서 도울게요."

"하하하! 사찬 어른, 두 아이가 참으로 미덥지 않습니까?"

아버지는 그 어느 때보다 호탕하게 웃었다.

이윽고 다음 날 새벽, 아버지의 배는 돛을 올린 채 천천히 미끄러져 나아갔다. 배는 어느덧 예성강을 벗어나 서해 바다로 들어섰다. 나는 뱃전에 선 채 드넓은 바다를 바라보았다. 길이 보이지 않는데도 하늘의 달과 별자리를 보며 길을 찾아가는 배가 마냥 신기했다.

"도련님, 배를 타면 신나고 재밌을 줄 알았는데 심심해요."

하루, 이틀, 사흘…… 몇 날 며칠을 가도 파란 바다와 하늘만 보이자 천둥이가 입을 쑥 내밀고 투덜거렸다.

"형, 속이 울렁거려 죽을 것만 같아."

시헌이는 뱃전에 기대앉은 채 퀭한 눈으로 중얼거렸다.

"나도 그래. 이럴 줄 알았으면 그냥 집에 있을 걸 그랬어."

나는 은근히 아버지를 따라나선 게 후회스러웠다. 배가 아무리 크다 해도 마음대로 뛰어놀 수도 없었다. 아버지가 누각배 안에 지은, 사방이 트인 이 층의 다락에서 조용히 책을 읽고 있는 데다 사공들이 힘들게 노를 젓는 걸 보자 미안한 마음이 들어서였다. 그때 뱃전에 기대어 웩웩 토악질을 하던 시헌이가 눈을 동그랗게 뜨고 외쳤다.

"형, 저기 좀 봐!"

"어디?"

나는 시헌이가 가리킨 쪽을 무심코 쳐다보았다. 작은 배 한 척이 우리 쪽으로 다가오고 있었다.

"해, 해적이다! 해적이 나타났다!"

한 뱃사공이 큰 소리로 외쳤다.

"뭐, 해적?"

나는 머리카락이 쭈뼛 섰다. 해적은 바다를 돌아다니며 배를 습격하여 물건을 빼앗고 사람을 죽이는 무서운 도적이라는 걸 알고 있었기 때문이다.

"너희는 누각 안으로 들어가거라. 어서!"

아버지는 우리에게 안전한 곳으로 숨으라고 일렀다. 나와 시헌이, 천둥이는 벌벌 떨며 누각 안으로 들어갔다. 나는 아버지가 걱정되어 까치발을 한 채 누각에서 아버지를 지켜보았다.

"모두들 해적에 맞서 싸울 태세를 갖추어라!"

아버지는 이미 이런 일을 짐작했다는 듯 건장한 뱃사공들을 갑판으로 돌려세웠다. 그들은 저마다 갈고리와 추를 단 밧줄이며, 활, 기름 묻힌 솜방망이, 창 같은 것을 들고 있었다. 나는 문득 항해를 마치고 돌아온 선원들이 들판에서 칼이며 창, 활을 들고 무예를 익히던 모습이 떠올랐다.

'바로 이런 때를 대비해 미리 훈련을 한 것이었구나.'

나는 왈칵 눈물이 비어져 나왔다. 화려한 물건을 바리바리 싣고 큰돈을 벌어 오는 아버지만 생각했지, 이처럼 목숨을 걸 만큼 위험한 일을 겪으리라곤 생각지도 못했다. 숨을 죽인 채 바라보니 해적들이 탄 배는 아버지의 배와 거의 맞닿아 있었다.

"여봐라, 이 배는 송악의 왕륭 어르신이 이끄시는 상단이다! 순순히 항복하면 살길을 터 줄 것이나, 그렇지 않으면 한 놈도 살려 두지 않을 것이다!"

모루 행수가 소리쳤다. 그 순간, 아버지가 갑자기 손을 높이 쳐들고 배가 떠나갈 듯 외쳤다.

"저들은 해적이 아니라 난민 전쟁이나 재난을 당하여 어려움에 빠진 백성이다! 모두 무기를 내려놓고 당장 밧줄을 내려 저들을 배 위로 데려오도록 하라."

"어르신, 저들이 어떤 자들인지 알지도 못하는데……."

모루 행수가 불안한 듯 머뭇거렸다.

"어허, 자네는 저 가엾은 백성들이 보이지 않는가? 굶주림에 지쳐 다 죽어 가는 저들이 말일세. 게다가 저 아녀자와 어린것들 좀

보게. 무슨 영문으로 바다를 떠도는지 사정이나 들어 봐야 하지 않겠나!"

아버지는 목소리를 높여 다그쳤다.

그제야 나는 후다닥 달려 나가 작은 배를 살펴보았다. 아버지의 말처럼 배에 탄 사람들은 잔뜩 겁에 질린 얼굴로 변변한 무기도 없이 겨우 쇠스랑이며 곡괭이 같은 걸 들고 있었다.

그때 한 남자가 머리에 썼던 하얀 무명천을 벗어들고 마구 흔들며 외쳤다.

"사, 살려 주오! 우리는 해적이 아니오!"

"그렇소! 우리는 배가 고파 바다를 떠도는 난민이오!"

"여봐라, 어서 밧줄을 내려라!"

모루 행수도 그제야 허둥지둥 뱃사람들에게 일렀다.

곧이어 작은 배에 탔던 사람들이 줄사다리를 타고 갑판 위로 올라왔다. 노인과 어른, 아이까지 모두 열댓 명이나 되었다.

'정말 해적이 아니란 말이지? 그럼 저들은 왜 배를 타고 여기까지 나온 걸까?'

나는 가슴을 쓸어내리고 가만가만 그들 가까이 다가갔다. 그들은 마치 며칠 굶은 사람들처럼 광대뼈가 툭 튀어나오고 눈은 십 리나 쑥 들어가 있었다.

"먼저 이들에게 먹을 걸 갖다줘라."

아버지가 인자한 얼굴로 일렀다.

곧 수북이 담은 밥에다 나물, 생선을 곁들인 반찬이 그들 앞에 차려졌다. 난민들은 손이 보이지 않을 만큼 날래게 숟가락질을 했다. 한가득 퍼 담은 밥이며 반찬이 눈 깜짝할 사이에 사라졌다.

조금 뒤, 아버지는 난민 중에서 가장 나이가 많은 사람과 마주 앉았다.

"그래, 저 작은 배를 끌고 바다로 나온 까닭이 무엇인가?"

"제 이름은 김순돌이라고 하옵니다. 이 배에 탄 사람들은 대부분 옛 가락국의 땅이었던 금관소경 지금의 김해에 살던 평범한 농사꾼들이었지요. 그런데 관리들이 세금을 걷는다며 쌀 한 톨, 보리 한 줌, 삼베 한 조각까지 모조리 빼앗아 가고, 겨우 밥숟가락을 뗀 어린 남자아이들까지 군대로 끌고 가는 등 이루 말할 수 없는 횡포에 시달렸습니다. 그러자 많은 농민들이 정든 고향을 떠나 거지가 되어 여기저기 떠돌고, 도적 떼가 되어 부잣집을 약탈하고, 관청을 불사르고, 야단이 이만저만이 아니었지요. 그래서 저희도 이대로 살다 죽느니 살길을 찾아보자고 배를 타고 당나라로 가던 중이었습지요······."

"물길도 모르는 농사꾼들이 어찌 그 먼 길을 간단 말인가?"

아버지는 한숨을 내쉬다가 모루 행수를 불러 일렀다.

"내 이들을 등주로 데려가려 한다. 그곳은 장보고가 청해진 신라 흥덕왕 때 신라 장수 장보고가 전남 완도에 설치한 중계 무역의 요충지을 세웠던 때부터 신라 사람들이 모여 살던 신라방이 있다. 이들 중에 등주에 가서 살기를 원하는 사람이 있다면 그리 데려다 줄 것이다. 또한 농사짓기를 원하는 사람은 우리 송악 객주 상인들의 거처를 제공하고, 물건을 맡아 팔거나 흥정을 붙이는 일을 하던 집 땅에 농사를 짓게 하고, 상단의 허드렛일을 하고 싶은 사람에겐 일자리를 주도록 하라."

"나리, 참으로 고맙습니다! 물고기 밥이 되거나 굶어 죽을 뻔한 저희를 이리 살려 주시다니요!"

김순돌은 잇달아 고개를 주억거리며 눈물을 쏟았다. 구석에 웅크린 채 이야기를 엿듣던 난민들은 함성을 질렀다.

"이제 살았다! 우린 살았어!"

"나리, 고맙습니다, 고마워요. 임금도 못하는 일을 나리께서 해 주시다니요!"

난민들은 코가 땅에 닿을 듯 절을 하며 눈물을 흘렸다. 그중에는 머리를 깡총하게 땋은 여자아이도 보였다. 아이는 두 뺨 가득 눈물을 흘리며 아버지를 향해 공손히 절을 했다.

'저분이 바로 나의 아버지라니!'

나는 아버지가 자랑스러웠다.

그날 저녁, 나는 뱃전에 서서 저무는 붉은 해를 바라보는 아버지 곁으로 다가갔다.

"아버지, 무슨 생각을 그리 하세요?"

"음, 아까 그 난민들을 생각했다. 어쩌다가 신라 백성들이 난민이 되고 도적이 되었는지. 이 모두가 삼국을 통일한 후 2백여 년이 지나는 동안 왕실은 물론 귀족들까지 지나치게 사치와 향락에 빠진 탓이다. 도성 안에서 초가집은 찾아볼 수도 없는 데다 귀족들의 사치가 극도로 심해져서 금입택금칠을 한 집이 서른아홉 채나 된다더구나. 집이 그을까 봐 숯으로 불을 때고, 호의호식 좋은 옷을 입고 좋은 음식을 먹음 하며 살고. 그뿐인 줄 아느냐? 귀족들이 곡식을 모두 사들여 쟁여 놓는 바람에 백성들은 수만금을 줘도 양식을 구할 수 없게 되었단다. 그런데도 임금은 날마다 아첨꾼들에 둘러싸여 나랏일은 뒷전이고 질펀하게 잔치만 즐기고 있으니, 이 나라가 어찌 될꼬."

아버지는 깊은 한숨을 내쉬었다.

'임금이 나라를 올바로 다스리지 못하면 죽어 나가는 건 백성들뿐이구나.'

나는 갑자기 마음이 무거워졌다.

아버지가 다시 말을 이었다.

"이 아버지는 이런 때일수록 우리 집안이 더욱 힘을 길러야 한다고 생각한다. 당나라와 신라를 오가며 해상 무역을 하던 장보고가 청해진을 세운 것처럼 송악 땅에다 아무도 넘볼 수 없는 우리 가문을 세울 것이다. 그러니 너도 돌아가면 학문과 무예를 더욱 갈고닦도록 하여라. 세상은 힘 있는 자가 살아남는 법이니라."

"네, 아버지!"

나는 어렴풋이나마 아버지의 마음을 짐작할 수 있었다.

새로 얻은 동생
별이

배는 오랜 항해 끝에 등주에 닿았다. 아버지는 짐을 내린 뒤 상단을 이끌고 등주 객주로 들어갔다. 당나라의 객주는 송악의 집보다 한결 더 높고 넓었다. 화려한 나무 장식을 단 대문만 해도 한껏 고개를 젖히고 쳐다봐야 할 만큼 높고 으리으리했다.

"지붕 위에 또 집이 있어."

천둥이는 이 층 누각으로 지은 화려한 나무집을 보자 입이 쩍 벌어지고 눈이 휘둥그레졌다.

"형, 등주가 이렇게 화려한데 장안은 얼마나 멋질까? 빨리 가 보고 싶어."

간신히 뱃멀미에서 벗어난 시헌이 꿈꾸듯 중얼거렸다.

"우리 밖에 나가 보자, 응?"

"도련님, 마님이 안 된다고 했잖아요. 안 돼요. 괜히 밖에 나갔다가 길이라도 잃으면 어쩌시려고요."

"천둥아, 넌 뱃멀미도 안 나냐? 난 아직도 배를 탄 것처럼 몸이 출렁거리고 발이 공중에 붕 뜬 느낌이다. 바깥 공기라도 쐬어야 좀 살겠구나."

"그래, 우리 셋이 꼭 붙어 다니면 되잖아."

시헌이도 엉덩이를 들썩거리며 거들었다.

"아휴, 알았어요."

천둥이도 못 이기는 체 따라나섰다.

나는 시헌이와 천둥이를 데리고 거리로 나갔다. 휘황찬란한 등불을 매단 집들이 여기저기 보였다. 집 안에서 피리 소리며 고쟁**가야금처럼 생긴 중국의 전통 악기** 소리와 함께 은은한 노랫소리가 들려왔다. 가게마다 화려한 도자기며 알록달록한 종이, 구슬 팔찌며 귀고리 등이 진열되어 있었다. 우리는 눈을 동그랗게 뜬 채 이 가게 저 가게를 기웃거렸다. 그때 어디선가 우리말을 쓰는 여자아이가 다급하게 외치는 소리가 들려 왔다.

"싫어, 안 간다니까! 어서 이 손 놔, 어서!"

"무슨 일이지?"

나는 소리 나는 쪽으로 후다닥 달려갔다. 그곳은 비단신을 파는 가게 앞이었다. 벌써 사람들이 몰려들어 구경을 하고 있었다.

"내가 좋은 데 데려다 준다니까. 나와 함께 가자, 응?"

한 총각이 여자아이 손을 잡고 마구 어르는 중이었다.

"싫어! 우리 집은 저기란 말이야. 저기 송악 객주 몰라? 저 객주

의 상단 우두머리가 바로 우리 아버지란 말이야."

여자아이는 고래고래 소리를 질렀다. 가만히 보니 아까 배에서 만났던 난민 틈에 끼어 있던 아이였다.

"뭐? 그 꾀죄죄한 옷에다 낡아빠진 짚신을 신고 있는 네가? 하하하, 지나가던 개가 웃을 일이다! 그러지 말고 어서 나랑 가자. 내가 호강하며 살게 해 줄게."

총각은 여전히 달콤한 말로 여자아이를 꼬드겼다.

천둥이는 어이가 없었는지 씩씩대며 야단을 떨었다.

"도련님, 저, 저 계집애가 지금 뭐라는 거지요? 어르신이 뭐, 자기 아버지라고요? 기가 막혀서! 당장 잡아다 혼을 내야겠어요."

"가만, 지금 저 아이가 어려움을 당하고 있잖니? 안 되겠다, 우리가 나서서 도와주자."

나는 여자아이를 억지로 끌고 가려는 총각 앞으로 나아갔다.

"그 손을 놓게. 감히 내 동생을 어디로 끌고 가려는 게냐? 만약 우리 아버님이 아시면 널 가만두지 않으실 게다."

나는 일부러 큰 소리로 으름장을 놓았다.

"그, 그게 정말이냐?"

내 태도가 워낙 당당해서인지 총각은 긴가민가하면서도 아이의 손을 놓지 않은 채 우물쭈물거렸다.

"어허, 네가 당나라 관아에 끌려가 혼이 나야 알겠느냐?"

이번에는 시헌이 나서서 꾸짖었다. 그러자 총각은 얼른 아이의 손을 놓고 갑자기 무릎을 꿇었다.

"아이고, 도련님! 제가 죽을죄를 지었구먼요. 저는 입에 풀칠도 못한 채 굶어 죽어 가는 부모님을 위해 당항성에서 배를 타고 이곳까지 돈을 벌러 왔습죠. 하지만 돈은커녕 오도 가도 못하고 비렁뱅이 신세가 되자 그만…… 저 어린것을 수, 술집에…….”

총각은 차마 더는 말을 못 잇고 눈물을 글썽였다.

나는 당장 그자를 붙잡아 관아에 넘기고 싶었지만, 사정을 듣자 갑자기 그가 가엾어 보였다.

"사정을 듣고 보니 딱하구나. 자, 이걸 밑천 삼아 부디 돈을 벌어 부모님이 계신 고향으로 돌아가기 바란다.”

나는 송악을 떠날 때 어머니가 준 은반지를 허리춤에서 얼른 꺼내 주었다.

"도련님, 이 은혜 정말 잊지 않겠습니다. 어느 댁 도련님이신지 이름이라도 알려 주십시오. 저는 상쇠라고 합니다요, 상쇠!”

"난 송악 상단의 왕건이라 하오.”

나는 빙그레 웃으며 말했다. 그러자 상쇠는 몇 번이고 인사를 하고 나서 멀어져 갔다.

"아니, 도련님! 그 귀한 걸 저런 날강도 같은 녀석한테 준단 말입니까? 정말 어이가 없습니다.”

"천둥아, 너는 내 나라 내 땅을 떠나 남의 나라에서 비렁뱅이 노릇을 하는 저 총각이 가엾지도 않으냐?”

나는 사람들 속으로 사라지는 청년의 뒷모습을 바라보았다.

천둥이는 잔뜩 볼멘소리 서운하거나 성이 나서 퉁명스럽게 하는 말투로 여자아이를 가리키며 물었다.

"그럼, 저 아이는 어떻게 할까요? 감히 자기가 어르신의 딸이라고 거짓말을 했으니 혼을 내야지요!"

"하하, 이제 돌아가자. 저 애도 데리고 말이야. 내 동생이니까!"

"도, 동생이라고요? 도련님, 지금 제정신이십니까?"

천둥이가 소리를 꽥 질렀다. 나는 웃음을 참으며 앞장서서 걸었다. 그제야 아이는 종종걸음으로 따라오며 말했다.

"도련님, 저를 구해 주셔서 고마워요. 꽃신이 고와 정신을 팔고 있는데 그 사람이 다짜고짜 저를 끌고 가려 했어요. 겁에 질린 나머지 그, 그만…… 거, 거짓말을 한 거예요."

"네 이름이 뭐니?"

나는 벌벌 떠는 아이를 보며 싱긋 웃었다.

"벼, 별이에요, 별이."

"별이. 참 예쁜 이름이구나. 몇 살이지?"

"열 살이에요."

별이는 겁에 질린 얼굴로 조그맣게 대답했다.

"천둥아, 난 등주에 와서 여동생을 얻었다. 그것도 당돌하고 예쁜 여동생을. 별아, 나를 따라 송악으로 갈래?"

"세상에, 도련님!"

별이가 대답도 하기 전에 천둥이 먼저 벼락 치는 소리를 냈다. 별이는 후다닥 제 부모가 머물고 있는 객주 뒷방으로 달려갔다. 나는 갑자기 뱃멀미가 가실 만큼 기분이 좋아졌다.

그날 이후 나는 이상하다 싶게 별이 소식이 궁금했다. 슬그머니 객주 뒷방으로 가 보니 몇몇은 짐을 꾸려 신라 마을로 떠나고, 몇몇은 농사를 지으러 외곽으로 떠나고 없었다. 하지만 어쩐 일인지 별이 아버지는 미처 갈 곳을 못 정한 채 머뭇거렸다.

"아저씨도 고향에서 농사를 지었어?"

"아닙니다. 저희는 집안 대대로 철을 만지는 대장간 일을 했지요. 그런데 막상 여기까지 오고 보니 갈 곳이 없군요. 이럴 줄 알았으면 그냥 신라를 떠나지 말 걸 그랬습니다. 아직도 코끝에서 자꾸만 쇠 냄새가 나는걸요. 남들은 쇠 냄새가 역겹다고 하는데, 저는 그 냄새가 꽃향기보다 더 좋답니다."

"그렇구나."

나는 쇠 냄새가 꽃향기처럼 향기롭다는 별이 아버지가 어쩐지 마음에 들었다. 제 아버지와 이야기를 하는 동안 별이는 눈을 동그랗게 뜨고 나를 바라보았다. 처음에는 고개도 못 들더니 이젠 내가 진짜 오라버니라도 되는 양 나를 보고 방실방실 웃었.

등주에 온 지 어느덧 보름이 지났다. 아버지는 다시 짐을 꾸려 송악으로 돌아갈 준비를 했다.

"건아, 송악 인삼은 이곳에서 인기가 아주 좋단다. 거래 물량을 더 늘렸으니 돌아가면 아무래도 인삼밭을 더 넓혀야겠구나."

아버지는 기분이 정말 좋아 보였다. 나는 그때를 놓치지 않고 말문을 열었다.

"아버지, 실은 여기 오던 첫날 천둥이랑 시헌이랑 거리 구경을 나갔다가 한 여자아이가……."

　나는 시장에서 별이를 만난 일이며, 별이 아버지가 대장간 일을 했다는 것이며, 별이를 송악으로 데려가고 싶다는 등등의 속내를 내비쳤다.

　"그 애 아비가 대대로 대장간 일을 했다고 했느냐? 음, 마침 잘됐구나. 지난번에도 말했듯이 나라가 어수선하다. 우리 호족들도 힘을 길러야 할 때가 아닌가 싶다. 그러려면 무기도 있어야 하고 연장도 필요할 테니, 참으로 제때에 좋은 장인을 만났구나. 네가 처음으로 뽑은 사람이니 네 뜻대로 하려무나."

　"아버지, 고맙습니다!"

　나는 춤이라도 출 듯 소리쳤다. 하지만 기쁜 일이 있으면 슬픈 일도 있는 법인가! 별이를 얻은 대신 시헌이와 헤어져야 했다. 아버지는 우리가 떠난 뒤 시헌이를 장안의 송악 객주까지 데려다 줄 사람을 구해 놓은 터였다.

　"시헌아, 꼭 훌륭한 사람이 되어 돌아오렴. 알았지?"

　"형, 고마워. 나중에 꼭 형을 찾아갈게."

　시헌은 우리 배가 큰 바다를 향해 멀어질 때까지 오래오래 손을 흔들었다.

노란 띠를 두른
초적들

등주에서 돌아온 지도 어언 1년이 지났다. 그사이 아버지는 예성강 근처에 커다란 대장간을 짓고 별이네 식구를 옮겨 살게 해 주었다. 별이 아버지는 솜씨 좋은 장인들을 불러 모아 대장간에서 농기구며 무기들을 만드느라 눈코 뜰 새 없었다.

나는 가끔 천둥이를 앞세우고 대장간에 들르곤 했다. 무기를 얼마나 만들었나 살핀다는 핑계를 댔지만, 사실은 별이를 보러 가는 것이었다.

"오라버니, 오셨어요?"

별이는 활짝 웃는 얼굴로 나를 맞았다. 별이 아버지, 어머니가 펄쩍 뛰며 한사코 말렸지만, 별이는 눈 하나 깜짝 않고 천연덕스럽게 오라버니라고 불렀다.

"자, 이건 지난번 장에 갔다가 너 주려고 산 거야."

나는 빨간 비단 꽃신 한 켤레를 내밀었다. 지난번 등주에서 꽃신 구경을 하다가 하마터면 낯선 곳으로 팔려 갈 뻔한 별이가 가엾어서 샀던 것이다.

"이게 정말 제 꽃신이에요? 아, 예쁘다!"

별이는 꽃신을 가슴에 품은 채 함박꽃처럼 웃었다.

"오라버니, 안으로 들어가 보세요."

별이는 꽃신을 가슴에 품은 채 산들산들 앞장서서 대장간 안으로 들어갔다. 비릿하고 야릇한 쇠 냄새가 훅 끼쳐 왔다. 쇳덩이며 쇳조각이 여기저기 흩어져 있고, 쇳가루가 날리는 가운데 아궁이에선 벌건 불꽃이 일고, 그 앞에서는 한 일꾼이 쉴 새 없이 풀무질을 하고, 또 다른 일꾼들은 모루 위에 이글거리는 쇳덩이를 올려놓고 쩌엉 쩡 쩡 메질을 하고 있었다.

"도련님, 나오셨어요?"

별이 아버지가 이마에 흐르는 땀을 닦으며 말을 건넸다.

한쪽으로 들어가자 입이 떡 벌어질 만큼 많은 칼과 창이 세워져 있었다. 그 옆으로는 농사지을 때 쓰는 낫이며 호미, 칼, 갈고리가 놓여 있었다. 그뿐이 아니었다. 다른 쪽에는 커다란 닻이 수북이 쌓여 있었다. 아버지는 별이 아버지에게 배가 정박할 때 필요한 쇠사슬이며 닻까지 만들게 했던 것이다.

나는 뿌듯한 마음으로 대장간 이곳저곳을 둘러보았다. 그때 별이가 내 손을 잡아끌며 말했다.

"오라버니, 빨리 안채로 가요. 어머니가 오라버니 주려고 멧돼

지구이를 해 놓았어요."

"정말?"

별이 어머니의 멧돼지구이는 생각만 해도 입에 침이 고일 만큼 맛이 좋았다. 대장간에서 이글이글 타는 숯불을 가져다 석쇠_{고기나 굳은 떡 따위를 굽는 도구}를 얹어 놓고 그 위에 맛나게 양념한 멧돼지를 구운 음식이었다.

안채 가까이 다가가자 구수하고 기름진 냄새가 코를 찔렀다.

"도련님, 어서 오세요. 며칠 전 덫을 놓아 잡은 걸 도련님 드리려고 깊은 땅속에다 갈무리_{물건 따위를 잘 정리하거나 간수함}해 둔 고기랍니다. 어서 드세요."

나와 천둥이는 멧돼지구이를 들고 마구 뜯기 시작했다. 별이와 별이 어머니는 잇달아 반찬 그릇을 앞에 놓아 주고.

배불리 먹고 난 나는 날이 어둑어둑해지자 집을 향해 길을 나섰다. 그런데 멀리서 보니 우리 집에 불이 환하게 켜진 게 아닌가!

"어? 무슨 일이지? 영안촌 호족들이 모이는 날인가?"

나는 고개를 갸웃했다. 예성강이 서해로 흘러드는 주변에 자리 잡은 영안촌에는 크고 작은 호족이 여럿 있었다. 그중에서 제일 세력이 큰 호족이 바로 아버지였다. 아버지는 무슨 일이 있을 때면 근방에 있는 호족들을 불러 함께 의논하곤 했다. 그런 날이면 온 집 안이 음식을 장만한다, 안팎을 치운다 야단법석인데 며칠 사이에 통 그런 기미가 없었다.

'그렇다면 무슨 일이지?'

나는 불길한 생각이 들었다. 말에서 내려 살금살금 집 앞으로 걸어가자 낯선 사내들이 집을 빙 둘러싸고 있는 게 보였다.

천둥이가 '윽' 외마디 신음 소리를 냈다.

"저기, 모두 머리에 노란 띠를 두르고 있어요!"

"뭐라고?"

그러고 보니 사내들이 머리에 두른 노란 띠가 보였다. 높은 조세와 관리들의 횡포에 시달리던 농민들이 떼를 지어 돌아다니며 도적질을 일삼는다는 무서운 초적(반란군)들이었다.

'얼마 전 아버지께서 사벌주(상주)에서 원종과 애노라는 사람이 농민, 노비들을 이끌고 관아로 쳐들어갔다고 하더니, 송악에도 반란군이 일어난 것일까?'

나는 도무지 알 수가 없었다.

"어서 가자!"

나는 후다닥 앞서 달려 나갔다. 초적들에게 붙잡혀 위험에 빠져 있을 아버지와 어머니, 가족들 걱정에 발걸음이 빨라졌다.

"누구냐?"

대문을 지키던 초적들이 몽둥이를 들고 막아서며 물었다.

"난 이 집 아들 왕건이다. 비켜라. 내 집에 들어가야겠다."

나는 배에 힘을 꾹 준 채 외쳤다.

"하하, 제 발로 호랑이 굴에 들어왔는데 열어 주고말고!"

그들은 빈정대며 길을 내주었다.

안으로 들어서자 마당에는 이미 집안 노비와 상단 일꾼들이 무기를 들고 초적들과 맞서고 있었다.

"당장 돌아가라! 안 그러면 한 놈도 살아남지 못할 것이다."

모루 행수가 엄포를 놓았다. 그냥 겁만 주려는 게 아니라 여차하면 무기를 휘두를 태세였다.

나는 초적들의 모습을 살펴보았다. 바다를 떠돌던 난민들처럼 그들 또한 비쩍 마른 몸에 해진 옷을 입고 무기마저 변변찮았다. 하지만 눈빛만은 호랑이라도 때려잡을 듯 매서웠다.

'저들은 죽기 살기로 덤벼들 것이다. 굶어 죽으나 맞아 죽으나 마찬가지일 테니까.'

나는 문득 그들이 가여웠다. 떵떵거리는 호족 아버지를 둔 덕분에 헐벗음도, 굶주림도 당해 보지 않은 내가 부끄러웠다.

나는 천천히 그들 앞으로 나아가 외쳤다.

"난 이 집 아들 왕건이다!"

"하하, 조무래기 주제에 겁도 없이 어딜 나서느냐?"

우두머리인 듯한 자가 빈정거리듯 외쳤다.

"건아, 너는 나서지 마라!"

아버지가 흠칫 놀라 큰 소리로 외쳤다. 하지만 나는 알 수 없는 용기와 배짱으로 그자 앞으로 나아갔다.

"여긴 송악 제일의 호족인 왕륭 어른 댁이다. 너희도 그런 것쯤은 알고 왔을 것이다. 그래, 너희가 필요한 게 무엇이냐? 내 그걸 내주겠다."

"하하, 하룻강아지 범 무서운 줄 모른다더니, 너를 두고 하는 말

이구나. 네가 무슨 재주로 네 아비의 재산을 우리에게 내준단 말이냐?"

우두머리는 여전히 내가 가소로운 듯 빈정거렸다.

"그냥 주는 게 아니고 조건이 있다. 우린 장사꾼 집안이다. 이문이 남지 않으면 거래를 하지 않는다. 어떠냐? 쌀이든 비단이든 원하는 만큼 내줄 테니 그걸 밑천 삼아 장사를 하여라. 그런 다음 석 달 후 원금을 가져와라. 난 너희가 죄 없는 농민이라는 걸 다 알고 있다. 먹을 게 없으면 개도 주인을 무는 법, 나라에서 너희를 구제하지 못하니 이렇게 도적이 된 게 아니냐?"

"하하하, 참으로 당찬 녀석이구나."

우두머리는 큰 소리로 웃어 젖혔다. 그런 다음 잠깐 머뭇거리다가 고개를 끄떡였다.

"좋다! 물건을 외상으로 가져가는 셈 치겠다. 하지만 만약 이문을 남기지 못하면 다른 방법으로라도 약속은 꼭 지키겠다. 사나이답게 약속한다!"

"그럼 한 사람씩 앞으로 나와 자기가 원하는 것을 말하라. 모루 행수, 이자들의 이름과 가져가겠다는 것을 장부에 기록한 다음 물건을 내주세요."

"도, 도련님, 이자들을 어찌 믿고……."

모루 행수는 우물쭈물 어쩔 줄 몰라 했다.

그때 아버지가 큰 소리로 일렀다.

"건이 말대로 해 주게!"

"네에? 아, 알겠습니다, 어르신! 자, 그럼 모두 무기를 내려놓고 나를 따라오시오."

모루 행수는 창고 쪽으로 갔다. 무슨 영문인지 몰라 어리둥절한 표정으로 서 있던 초적들은 그제야 저희끼리 소곤거렸다.

"이건 그러니까 우리가 도적질한 게 아니라 물건을 외상으로 가져가는 것과 마찬가지란 말이지?"

"아니, 뭘 믿고 우리한테 물건을 내줘?"

"그나저나 저 어린 총각이 정말 당차구먼. 사람을 다루는 솜씨가 보통이 아니야."

사람들은 나를 보며 고개를 절레절레 내저었다. 나는 일단 급한 불을 끄려고 그런 궁리를 했지만, 아버지께 꾸지람 들을 일을 생각하자 갑자기 등골이 서늘했다.

집 안팎을 정리한 뒤 나는 아버지를 따라 사랑채로 들어갔다.

"아버지, 저를 꾸짖어 주십시오."

"아니다. 네가 그사이 참으로 의젓해졌구나. 넌 머리터럭 한 올

안 다치고 상대를 우리 편으로 끌어들였다. 만약 그들과 맞서 싸웠다면 그들 중 절반은 죽었을 것이다. 농사짓던 사람들이니 무술을 제대로 익혔을 리 없겠지. 싸우지 않고 이기는 것, 그게 바로 병법 가운데 으뜸이니라. 잘했다. 설령 그들이 물건 값을 가져오지 않는다 해도 그들이 입소문을 내면 앞으로 우리 집에 도적이 들지는 않을 것이다. 다만 굶주린 사람들이 손을 벌리러 오면 그들은 우리가 받아 주어야 한다. 있는 자는 없는 자를 위해 곳간을 열어 둬야 하는 법이니라. 그게 바로 덕을 베푸는 일이다."

"네, 잘 알겠습니다."

나는 떨리는 마음으로 아버지의 말을 가슴 깊이 새겼다.

그러는 중에도 나라 안팎은 점점 더 어지러워만 갔다. 세금이 걷히지 않으니 나라의 창고는 텅텅 비고, 조정에서는 군사들을 풀어 백성들의 재물을 빼앗는 지경까지 이르렀다.

"임금은 백성들의 고통에 눈 하나 깜짝하지 않는다!"

온 나라에서 먹고살 길이 없어진 농민들의 분노가 치솟았다. 그들은 온 고을을 휩쓸고 다니며 더욱 드세게 도적질을 했다. 이렇듯 여기저기서 도적과 반란군이 들끓자 호족들은 자신들을 지킬 군사들을 모으기 시작했다.

"건아, 요즈음 신라의 장수들 중에서 힘 있는 자들은 저마다 자기만의 근거지를 세운다는구나. 사벌주에서는 아자개가, 서남쪽 해안을 지키던 그의 아들 견훤은 무진주 전남 광주 에서 군사를 키우고 기세를 떨치고 있다더라. 그뿐 아니라 강원도 북원 원주 지방에서 일어난 양길이라는 자는 그의 부하 궁예와 함께 신라의 동쪽 땅을 야금야금 차지하고 있다는구나."

아버지는 한숨을 내쉬었다. 이미 영안촌 호족들은 모든 권한을 아버지에게 맡긴 채 아버지의 뜻에 따르겠다고 한 뒤였다.

"견훤이나 양길, 궁예 모두 뛰어난 장수라 들었다. 게다가 그들을 따르는 군사들이 수천 명이라고 하더구나. 우리가 아무리 무기를 만들고 방비를 튼튼히 했다고 하지만 아직 그들과 맞서 싸우기엔 힘이 부족하다. 이렇게 두 손 놓고 있다간 언제 그들이 들이닥칠지 모르는 형편이니, 어쩌면 좋으냐?"

아버지는 이러지도 저러지도 못한 채 나를 바라보았다. 아버지는 어느덧 열여섯 살이 된 나와 집안일을 의논할 만큼 나를 믿고 있었다.

"아버지, 다행히 아직 그들의 힘이 이곳까지 미치지는 않았습니다. 그들이 서로 쫓고 쫓기는 싸움을 하는 사이에 우리는 뜻을 같이하는 사람끼리 단결하고, 만일의 일에 대비해 군사들을 훈련시키고 무기를 만들어야 합니다."

"그래야겠지."

아버지는 무겁게 고개를 끄덕였다.

나를 지키고, 집안을 지키고, 나라를 지키는 길

'그래, 아무리 날쌔고 사나운 호랑이도 힘이 없으면 잡아먹히는 법이다. 아버지는 점점 연세가 드실 테고, 이제 집안을 지킬 사람은 나뿐이다. 내가 힘을 길러야 해. 나를 지키고, 집안을 지키고, 나아가 나라를 지키려면!'

나는 방에 앉아 혼자 곰곰 생각에 잠겼다.

다음 날 나는 무예복을 챙겨 입고 천둥에게 말했다.

"천둥아, 너는 신라 제일의 장수가 되고 싶다고 했지? 그렇다면 이 근방에서 누가 무예가 가장 뛰어난지 잘 알겠구나. 나를 그분에게 데려다 주렴."

"제가 듣기에 송악 북쪽의 지네산에 산다는 담적이라는 노인이 무예가 뛰어나다 들었습니다. 발해의 유명한 장군으로 군사를 이끌고 저 멀리 흑수말갈까지 쳐들어가 수많은 적을 베고 돌아왔다고 합니다. 하지만 그의 승리를 시기한 다른 장수의 손에 죽을 고비를 겪고, 모든 걸 버리고 남쪽으로 내려와 지네산에서 살고 있다더군요. 하지만 어찌나 무서운지 그 근처에는 아무도 얼씬하지 않는답니다."

"그래? 열 번 찍어 안 넘어가는 사람이 없다잖느냐. 가 보자."

나는 천둥이를 데리고 지네산으로 들어갔다. 둘 다 옆구리에 큰 칼을 한 자루씩 차고 괴나리봇짐에 주먹밥이며 마른 생선 따위를 요깃거리로 넣고 떠났다. 혹시 노인의 거처를 못 찾으면 바위틈이나 동굴에서 자야 할지도 모르니까.

지네산은 높지는 않으나 수천 년 묵은 지네가 산다는 전설이 어린 산이라 그런지 대낮에도 어두컴컴하고 으스스했다. 산속으로 들어가자 산짐승 소리가 더욱 크게 들려왔다.

"도련님, 그만 내려가요. 이러다 산짐승 밥이 되고 말겠습니다."

"그렇게도 겁이 나느냐? 너는 신라 최고의 장수는커녕 꼬랑지 축에도 못 끼겠구나. 난 그 노인을 만나기 전에는 절대로 집에 안 돌아간다!"

나는 앞장서서 산을 헤매며 노인을 찾아 나섰다. 하지만 노인이 사는 집은 좀처럼 보이지 않았다. 그렇게 이틀을 보내고 사흘째 되는 날, 갑자기 천둥이 꽥 소리를 질렀다.

"저기요, 저기 집이 있습니다!"

통나무를 얼기설기 엮고 나무껍질을 이어 붙여 지은 산채가 눈에 들어왔다. 나는 두근거리는 마음으로 산채 가까이 다가갔다.

마침 노인 한 분이 부엌에서 불을 지펴 무언가를 끓이고 있었다.

"저, 혹시 담적 어르신 아니신가요? 저는 송악에 사는 왕건이라고 합니다. 어르신을 뵙고자 찾아왔습니다."

"그렇다면 잘못 찾아왔네. 나는 그저 약초를 팔아 근근이 살아가는 약초꾼이라네."

"그럼 혹시 담적 어르신이 어디 사시는지 아십니까?"

"그런 사람이 이 산에 산단 말인가? 처음 듣는 말이구먼."

"천둥아, 네가 잘못 안 거 아니야? 그 어르신이 벌써 다른 데로 가신 건 아니고?"

"글쎄요. 하긴 뭐, 동에 번쩍 서에 번쩍 하는 분이라니까 벌써 떠났는지도 모르지요."

"큰일 났구나."

내가 한숨을 내쉬자 노인이 슬며시 물었다.

"대체 그 사람을 왜 찾는 겐가?"

"네, 나라가 혼란스러워 저 자신은 물론 집안을 지키고, 더 나아가 나라를 지키기 위해 무예를 배우고자 함입니다. 아무튼 더 캄캄해지기 전에 길을 떠나야겠습니다."

나는 공손히 인사하고 노인의 집을 나섰다.

어느 틈에 날은 더 캄캄해졌다. 길은 보이지 않고 빽빽하게 우거진 나무만이 사방을 둘러싼 듯했다. 그때 어디선가 검은 물체가 휘익 날아와 나를 덮치는 게 아닌가!

"으아악!"

호랑이만 한 승냥이였다. 나는 외마디 비명을 지르며 산기슭으로 굴러떨어졌다.

"도련님! 도, 도련님!"

겁에 질린 천둥이가 칼을 뽑아 들고 달려왔다. 하지만 이미 먹이를 낚아챈 승냥이는 내 어깻죽지를 문 채 놓아주지 않았다.

'아, 이렇게 허무하게 당하고 마는 건가?'

아버지, 어머니의 얼굴이 눈앞을 스쳐갔다. 그 순간, 어디선가 화살이 휙 날아와 내 어깻죽지를 물고 있던 승냥이의 목을 꿰뚫었다. 승냥이는 잠깐 몸을 꿈틀거리다가 힘을 잃고는 물고 있던 나를 스르륵 놓아주었다. 나는 정신을 잃고 말았다.

얼마나 시간이 지났을까? 천둥이의 울음소리가 들려왔다.

"도련님, 정신 차리세요. 흐흑, 어서요!"

나는 어깻죽지가 욱신거려 인상을 쓰며 간신히 눈을 떴다. 약초 냄새가 코를 찔렀다.

"도련님, 살았군요, 살았어! 아까 그 약초 캐던 노인이 살려 주셨어요. 활을 쏘아 승냥이를 잡은 겁니다!"

"뭐라고?"

그 순간 나는 깨달았다. 그 노인이 바로 담적이라는 걸.

헛간에 누워 있던 나는 어깻죽지를 감싼 채 벌떡 일어났다. 그리고 노인의 방으로 들어가 다짜고짜 넙죽 절을 올렸다.

"스승님, 저에게 무예를 가르쳐 주십시오. 제발 부탁입니다."

"허허, 그 녀석! 사람 보는 눈이 있긴 하구나. 하지만 난 이미 칼을 놓은 지 오래되었다. 내 칼은 사람을 살리지도, 나라를 구하지도 못했다. 나는 옛 고구려 땅을 되찾으려고 말을 달려 말갈족을 몰아냈다. 하지만 결국 덕이 없어 뜻을 세우는 데 실패했지. 그런 내가 누구를 가르치겠느냐? 약초를 줄 터이니 날이 밝으면 돌아가거라. 상처가 깊지 않아서 곧 나을 것이다."

"저를 제자로 받아 주실 때까지 이 집에서 한 발짝도 움직이지 않을 것입니다."

나는 그날부터 노인의 집에 붙어살았다. 천둥이가 지극정성으로 약초를 찧어 붙이고 달여 먹인 덕분에 몸도 가뿐하게 나았다.

그러던 어느 날 아침, 조심스레 아침상을 들고 들어간 나를 보고 담적 노인이 말했다.

"너는 자신과 가문과 나라를 위해 무예를 배우고 싶다 했느냐? 하지만 한 가지 빼놓은 게 있다."

"스승님, 그게 무엇입니까?"

"백성들이다. 칼을 드는 명분_{일을 꾀할 때 내세우는 구실이나 이유}은 백성들의 고통을 덜어 주기 위해서여야 한다. 그게 우선이다. 네 자신보다, 가문보다, 나라보다 중요한 것은 이 땅에 사는 사람들이다. 내 말뜻을 알아들었다면 내가 너를 가르칠 것이다."

그 순간, 난민들을 먹이고 재우고 살 곳을 마련해 준 아버지의 모습이 떠올랐다.

'아버지가 걸어가는 길, 스승님은 내가 바로 그 길을 가기를 원하시는구나!'

가슴 밑바닥에서부터 뜨거운 것이 솟구쳤다. 한 번도 경험해 보지 못한 느낌이었다.

"네, 명심하겠습니다!"

나는 눈시울을 붉힌 채 대답했다.

그날 아침 이후 모든 것이 달라졌다. 나와 천둥이는 새벽부터 일어나 늦은 밤까지 지네산을 누비며 스승님의 가르침을 받았다. 칼날이 부딪치는 소리, 화살이 날아가는 소리, 창과 창이 부딪치는 소리……. 나와 천둥이의 무예 솜씨는 날이 갈수록 늘어 갔다.

"오라버니들!"

어느 날 산기슭에서 낯익은 목소리가 들려왔다. 우리가 지네산에 있다는 걸 천둥이가 알리자 별이가 찾아온 것이다. 별이 뒤로 아주머니 두 분이 따라왔다. 그들은 머리에 이고 손에 들고 온 갖가지 맛난 음식을 펼쳐 놓았다.

"할아버지, 소녀는 별이라고 하옵니다. 어서 이 음식 좀 드셔 보세요."

별이는 스승님을 무서워하기는커녕 어리광을 부리며 말했다. 어쩐 일인지 스승님도 부드럽게 웃으며 별이를 바라보았다.

"참, 오라버니! 여기 서찰 가져왔어요."

별이는 소맷부리 <small>옷소매에서 손이 나올 수 있게 뚫린 부분</small>에서 서찰을 꺼냈다.

"아니, 이건 시헌! 김시헌한테 온 게 아니냐?"

나는 기쁜 마음으로 편지를 읽었다. 벌써 몇 년째 얼굴을 못 본 시헌이었다. 글공부가 나날이 늘어 장안의 유명한 학자들과도 막

힘없이 술술 이야기를 나눈다는 소식과 장차 당나라에서 벼슬을 얻어 일하고 싶다는 내용이 담겨 있었다.

'시헌이는 그곳에서 출세하겠구나! 언제 다시 만날 수 있을까?'

나는 먼 북쪽 하늘을 보며 속으로 중얼거렸다.

그 뒤로도 여러 달 동안 나는 달 뜨고 별 돋는 밤에도 쉬지 않고 무예를 갈고닦았다. 그러던 어느 날 스승님이 나와 천둥이를 불러 놓고 차분하게 말했다.

"이제 산을 내려가거라. 내가 가르칠 건 이미 다 가르쳤다. 나머지는 너희의 몫이다. 너희를 가르치는 동안 세상에 대한 분노를 잠재울 수 있어서 참으로 기뻤다. 부디 너희의 무예가 어지러운 세상을 바로잡는 데 쓰이기 바란다."

"스승님, 부디 저희와 함께 송악으로 내려가시지요."

나는 간절하게 부탁했다.

"하하하! 내가 아무리 이빨 빠진 호랑이라고 하지만 호랑이가 어찌 산을 떠나 살겠느냐? 난 이곳이 좋다. 가끔 들러 안부나 전해라."

스승님은 아무리 간청해도 고개를 저었다.

"스승님, 고맙습니다. 이 은혜 평생 잊지 않겠습니다."

나는 공손하게 절을 올린 후 산채를 떠났다.

송악에 궁궐을 짓다

 햇살 바른 사랑채에 앉아 아버지와 내가 차를 마시고 있을 때였다. 모루 행수가 허둥지둥 들어와 말했다.
 "나리 마님, 양길 밑에 있던 궁예가 반란을 일으켜 명주_{강릉}를 차지하고는 대장군이 되었다고 합니다."
 "뭐, 그게 정말이더냐?"
 아버지는 모루 행수가 전하는 말을 듣고 깜짝 놀랐다.
 "네, 견훤이 무진주를 차지하고 대장군이 된 것처럼 궁예도 스스로 대장군이 되어 큰 세력을 이루었답니다. 궁예를 따르는 군사가 벌써 3천 5백여 명이나 된다고 합니다."
 "모루 행수, 궁예라면 신라 왕자로 태어났으나 버림받고 스님이 되었다가 양길의 부하가 되었다던 자 아닙니까?"
 나도 궁예에 대한 소문은 심심찮게 듣고 있던 터였다.

"그렇습니다. 양길의 명으로 치악산 석남사를 거쳐 동쪽으로 진출하여 여러 현과 성을 정복하더니, 자기 세력을 모아 양길에게서 등을 돌린 것이랍니다."

나는 어쩐지 가슴이 무겁기만 했다.

'서해안 쪽은 견훤이, 충청 이북과 강원도 쪽은 궁예가 차지했구나. 게다가 전라도에서 일어난 붉은 바지를 입고 다니는 적고적이라는 도적 떼가 서라벌 가까이 있는 모량리까지 쳐들어갔는데도 임금은 손도 못 쓰고 당하기만 했다지.'

그즈음 정강왕에 이어 왕위에 오른 진성 여왕이 나라를 제대로 다스리지 못한다는 소문이 송악까지 들려왔다. 선덕 여왕, 진덕 여왕 같은 여왕들이 삼국 통일의 기틀을 마련할 만큼 훌륭하게 나라를 다스린 것과 달리 진성 여왕은 사치와 향락을 일삼는다고 했다.

'그럼 신라는 견훤과 궁예의 손아귀에 들어가는 건가?'

나는 골똘히 생각에 잠겼다.

그렇게 어수선한 한 해가 가고 이듬해가 되었다. 아버지가 어두운 얼굴로 나를 찾았다.

"아무래도 안 되겠구나. 머잖아 궁예의 군사들이 송악까지 쳐들어올 거라는 소문이 흉흉하다. 그래서 오늘 영안촌 호족들이 모여 회의를 했다. 그들이 이곳을 쑥대밭으로 만들기 전에 우리가 먼저 궁예에게 귀부 스스로 가서 복종함를 하자고 말이다."

"아버지, 그건 안 됩니다. 선조 때부터 어떻게 일군 재산과 명예

인데 이걸 어찌 다 버리고 궁예 밑으로 들어갑니까? 궁예가 아무리 힘이 세다고 하지만 우리 호족들도 만만치 않습니다. 이 기회에 우리도 하나의 세력을 만들어 궁예와 맞서는 게 어떨지요?"

나는 완강하게 반대했지만 아버지의 생각은 달랐다.

"아직은 때가 아니다. 우리가 아무리 힘이 있다 한들 궁예를 당할 수는 없다. 지금 궁예의 부하들이 하루가 다르게 늘어 신라 조정으로 쳐들어가는 것도 시간문제라고 하더구나. 신라는 서라벌을 지키기에도 힘에 벅차니, 송악은 신라 조정의 보호를 받을 수 없는 처지에 이르렀다. 그러니 지금은 누군가와 맞설 때가 아니라 훗날을 위해 물러날 때이다. 그래야 영안촌 호족들도 살고, 우리 가문도 살고, 이 아버지도 살고, 너도 살 수 있다."

아버지는 힘주어 말했다. 나는 힘으로 그들과 맞서 싸울 수 없다는 것이 마냥 안타깝기만 했다.

결국 얼마 후, 나는 아버지를 모시고 철원성으로 떠났다. 궁예에게 바칠 온갖 진기한 물건들을 수레에 가득 싣고서.

송악에서 철원성으로 가는 길은 멀고 험했다. 나무가 우거진 숲을 지나고, 호랑이와 여우 같은 산짐승이 나오는 고개도 넘고 또 넘어야 했다. 일행은 가다가 해가 저물면 천막을 치고 잠을 잤다.

하루는 저녁을 먹은 후 천막 앞에 화톳불을 지피고 앉아 밤하늘의 별을 바라보고 있었다. 그때 별이가 슬며시 다가와 옆에 앉았다. 이번 일행에 별이와 별이 아버지는 무기를 잔뜩 실은 수레를 몰고 함께 따라나선 참이었다.

"오라버니, 너무 속상해서 잠이 안 와요. 그토록 애써 만든 무기들을 궁예에게 몽땅 바치면 앞으로 우린 어떡해요?"

어느덧 아리따운 처녀가 된 별이가 퉁명스레 물었다. 별이는 곱상한 생김새와 달리 제 아버지 일을 누구보다 잘 거들었다. 무기를 내주고, 쇠붙이를 사들이고, 값을 흥정하는 배짱이 어찌나 두둑한지 아버지마저 혀를 내두를 정도였다.

"별아, 네 아버지와 네가 있는데 무슨 걱정이냐? 무기와 농기구는 또 만들면 되지."

"그게 쉬운 일이 아니니까 그렇지요."

별이의 마음을 모르지 않은 나는 짐짓 너스레_{수다스럽게 떠벌려 늘어놓는 말이나 짓}를 떨었다.

"별아, 듣자하니 네가 무기를 다루는 솜씨가 웬만한 남자 뺨친다면서? 처녀가 그렇게 우악스럽게 굴면 시집은 어찌 가려느냐?"

"시집 못 가면 평생 오라버니 곁에서 혼자 살죠, 뭐."

별이는 입꼬리 가득 웃음을 매단 채 말했다.

화톳불을 지피던 천둥이가 별이를 보며 애원했다.

"별아, 그러지 말고 나랑 혼인하자, 응?"

어느 틈에 천둥이는 별이를 마음에 두고 있었다. 하지만 별이는 눈 하나 깜짝하지 않았다.

"송악에서 나만 한 총각이 어디 있다고?"

천둥이는 혼자 구시렁거렸다.

깊어 가던 밤이 지나 날이 새고, 또다시 어둠이 찾아오고…….

그렇게 일행은 몇 날 며칠을 걸려 철원성에 닿았다.

미리 기별한 탓인지 기다리고 있던 궁예가 모습을 나타냈다. 아버지는 정중하게 고개를 숙여 절을 했다.

"신 왕륭, 대장군께 인사드리옵니다."

나는 아버지를 따라 말없이 절을 올리며 흘깃 궁예를 쳐다보았다. 한쪽 눈을 안대로 가린 궁예는 키가 훤칠하고 덩치가 커서 그런지 보기만 해도 사람을 압도하는 위엄이 어려 있었다.

"하하, 왕 공! 어서 오시오! 송악 제일의 호족이 나를 찾아왔으니 참으로 기쁘구려."

"제 아들 건이라 하옵니다."

아버지가 나를 소개하자 궁예는 잠시 뚫어질 듯 나를 노려보았다. 그러다 온 궁전이 울릴 만큼 큰 소리로 너털웃음을 터뜨렸다.

"으하하하, 보배가 저절로 내 손에 들어왔도다. 내 그대의 혈기 왕성한 모습을 보니 천하를 얻은 듯하구나. 이제부터 나를 위해 일해 주겠느냐?"

"황공하옵니다!"

나는 다시 한 번 엎드려 절을 올렸다. 궁예는 수많은 재물과 군사를 이끌고 온 아버지를 극진하게 대접했다.

그날 밤, 아버지와 나는 밤늦도록 잠을 못 이루었다.

"건아, 이 아버지가 모든 걸 궁예에게 바친 건 다 너를 위한 일이다. 네가 힘을 기를 때까지 시간을 벌기 위함이란 말이다."

"그게 무슨 말씀이세요?"

나는 아버지의 뜬금없는 말에 흠칫 놀라 물었다. 아버지는 달이 환하게 밝은 창밖을 내다보며 천천히 입을 열었다.

"네가 태어나기 전의 일이다. 송악 남쪽에다 새로 집을 짓고 있을 때였지. 때마침 그곳을 지나던 도선이라는 큰스님이 그 모습을 보고는, '기장_{곡물의 한 종류로, 조와 비슷한 옅은 누런색 열매를 맺음}을 심어야 할 땅에 어찌해서 삼_{줄기의 껍질을 삼베의 원료로 사용하는 한해살이풀로, 대마라고도 함}을 심었는가, 쯧쯧!' 하시지 뭐냐. 깜짝 놀라 내가 그 뜻을 물으니, '집을 북쪽으로 옮겨 지으면 내년에는 세상을 구할 슬기로운 아들을 낳을 터이니, 그 아이에게 건이라는 이름을 지어 주시오.' 했단다."

"그게 정말입니까?"

나는 신기해서 눈을 동그랗게 뜨고 물었다.

"그렇다. 도선 대사께서는 말을 마친 후 새 집터를 잡아 주고는 이 일을 비밀로 하라고 당부한 뒤 길을 떠나셨단다. 나는 스님의 말씀대로 그곳에다 새 집을 지어 이사했지. 그 후 얼마 뒤 네 어미에게 태기_{아이를 밴 기미}가 있었고 이듬해에 바로 네가 태어났단다. 지금도 네가 태어나던 날이 눈앞에 선하구나. 하늘에서 신비한 광채가 비추고 자줏빛 기운이 방 안에 가득하더니, 그 기운이 하루 종일 뜰까지 서려 있었지. 나는 도선 대사의 예언대로 네 이름을 건이라고 지었다. 건아, 나는 늘 네가 큰스님의 말씀대로 세상을 구할 큰 인물이 되리라 믿어 왔다. 부디 오래 살아서 그 모습을 봐야 할 터인데……."

아버지는 눈물을 글썽였다.

"아버지, 그게 무슨 말씀이십니까? 만약 제가 도선 대사님 말씀대로 큰 인물이 된다면 아버지를 가장 높은 곳에 앉혀 드리겠습니다. 꼭!"

나는 아버지의 손을 힘주어 잡았다.

그로부터 며칠 후, 궁예가 아버지와 나를 불러 일렀다.

"하하, 왕 공! 그대가 내게 그토록 많은 재물과 든든한 군사를 선물로 주었으니 내 어찌 그냥 있을 수 있겠소? 내 그대를 금성_{강원도 김화} 태수로 삼으려 하오. 부디 사양하지 말고 나를 도와 그곳 백성들을 잘 다스려 주시오."

궁예는 아버지에게 금성 태수 벼슬을 내렸다.

"대장군, 참으로 황공하옵니다."

아버지는 머리를 깊이 숙여 감사 인사를 올렸다. 그런 다음 궁예를 향해 천천히 입을 열었다.

"감히 소인이 대장군께 한 가지 제안을 드리고자 하옵니다."

"제안이라? 어서 말해 보시오!"

궁예는 귀가 솔깃한 표정이었다.

"지금 대장군의 세력은 나날이 강해져 아무도 맞설 자가 없다는 걸 잘 알고 있습니다. 하지만 남쪽에 아직 신라가 있고, 견훤 또한 충청, 전라 쪽에서 기세를 올리고 있습니다. 이럴 때 철원보다 송악으로 근거지를 옮겨 대장군의 위엄을 떨치시는 게 필요하리라 생각합니다. 송악은 예로부터 강과 바다가 가까워 온갖 물자가 풍부하고 다른 나라와 교역을 하기가 쉬운 곳입니다. 도선 대사께서

도 장차 한 나라의 도읍을 삼을 만하다고 예언한 곳이지요."

아버지는 조곤조곤 이야기했다.

"송악이라? 허허, 그대의 말을 듣고 보니 송악이 얼마나 중요한 곳인지 알겠구려. 여봐라, 대신들의 뜻은 어떠한가?"

궁예는 신하들에게 의견을 물었다.

"대장군, 송악은 당나라와 북쪽의 발해, 남쪽의 신라, 왜국, 그 어느 나라와도 교류하기 좋은 곳이옵니다."

"철원성은 산이 깊어 군사를 움직이려면 시간과 경비가 많이 드오니 좋은 의견이라 생각하옵니다."

여러 신하들 또한 도읍을 송악으로 옮기기를 청했다. 궁예가 흡족한 표정을 보이자 아버지가 다시 말했다.

"소신의 아들이 아직 어리나, 성과 궁궐 쌓는 일을 맡겨 주신다

면 소임을 다할 것입니다. 그곳 사람들은 물론 지리와 풍습을 누구보다 잘 아니 감히 마땅한 인물이라 생각하옵니다."

"그게 좋겠구려. 송악의 궁궐을 다 지으면 내 도읍을 그리 옮겨 새로운 나라를 세울 것이오. 들어라! 왕건을 송악 성주로 명하노니, 부디 맡은 임무를 다하여라!"

"망극하옵니다!"

나는 얼른 그 자리에 엎드려 절을 올렸다. 하지만 기쁨보다 걱정이 앞섰다.

'과연 내가 잘 해낼 수 있을까? 아버지가 터를 닦은 곳이고, 영안촌 호족들이 도와줄 테니 별 어려움은 없겠지? 좋다! 이번 기회에 내 능력을 시험해 보는 거다!'

난생처음 막중한 일을 맡은 나는 마음을 굳게 다졌다.

마침내 아버지가 금성 태수로 떠나는 날이었다.

"아버지, 어머니, 부디 건강하십시오!"

나는 아버지, 어머니께 큰절을 올렸다. 낯선 금성에서 아버지가 잘 견디실지 걱정이 앞섰다.

"부디, 몸조심하여라. 지금은 몸을 사릴 때이다. 알았느냐?"

아버지는 눈물을 글썽이며 당부했다.

아버지가 떠난 후, 나는 일행을 이끌고 송악으로 돌아와 성을 쌓고 궁전을 짓는 일에 매달렸다. 이른 새벽부터 밤늦도록 송악은 못질, 망치질 소리가 끊이지 않았다.

"우리 송악에다 나라를 세운다는구먼."
"왕륭 어른의 아들이 송악 성주가 되시다니!"
거리를 지나갈 때마다 사람들은 자랑스러운 얼굴로 나를 바라보며 속삭였다.

나는 날마다 공사장을 돌아다니며 인부들을 독려 감독하며 격려함 하고 그들을 배불리 먹였다. 그러자 송악 근방에 사는 백성들도 달려와 스스로 인부가 되었다. 초적이 되어 우리 집을 덮쳤다가 쌀이며 비단을 얻어 갔던 사람들도 원금을 못 갚자 인부가 되겠다며 찾아왔다. 나는 그들을 기꺼운 마음으로 받아들였다.

그렇게 한 해가 지나고, 성과 궁궐의 기초 공사를 거의 마쳐 갈 무렵이었다.

"성주님, 성주님!"
천둥이 허둥지둥 울며 달려왔다.
"조심하지 않고 웬 호들갑이냐?"
나는 허둥거리는 천둥을 꾸짖었다.
"아이고, 이 일을 어쩌면 좋습니까? 어서 금성으로 가셔야겠습니다. 태수님께서 위중하시다는 소식이 왔습니다!"
"뭐, 뭐라고? 아버님이……."
나는 온몸의 피가 스르륵 빠져나가는 느낌이었다. 어떻게 말을 달려 금성까지 갔는지 기억조차 없었다. 아버지는 자리에 누운 채 가물가물 정신을 잃어 가고 있었다.
"아버님, 건이옵니다. 건이……."

나는 아버지의 손을 꼭 잡은 채 말을 잇지 못했다.

아버지는 겨우 눈을 뜨고 마른 입술 사이로 말을 꺼냈다.

"…… 내 아들, 건아…… 네가 우뚝 서는 걸 보고 싶었는데……. 우리 집안의 운명은…… 네 손에 달려 있다는 걸 잊지 마라……. 부디 나라를 구할 큰 인물이 되어라……."

아버지는 말을 마친 후 스르륵 고개를 떨궜다.

"아버지! 아버지!"

나는 통곡하며 아버지의 가슴에 얼굴을 묻었다. 누구보다 나를 위해 주던 아버지, 든든한 울타리가 되어 주던 아버지가 세상을 떠난 것이다. 나는 아버지의 시신을 송악으로 모셔와 영안촌 강변 석굴에 장사를 지냈다. 하지만 장례를 치른 뒤에도 한동안 슬픔에서 벗어나지 못했다. 궁궐을 짓는 일에도 흥미를 잃고 말았다.

'세상의 부귀영화가 무슨 소용인가? 죽어 흙으로 돌아가면 모두 다 그뿐인걸.'

나는 집에 틀어박힌 채 아무 일도 하지 않았다.

그러던 어느 날, 아버지가 쓰던 사랑채에 앉아 멀거니 뜰에 핀 꽃들을 바라보는데 뜻밖에도 별이가 찾아왔다.

"오라버니, 이 송악은 오라버니의 선조들께서 오래전부터 뿌리를 내린 곳이라 들었어요. 할아버지의 할아버지의 할아버지…… 그 모든 분들의 땀과 노고가 어린 이곳의 주인은 이제 오라버니예요. 이렇게 축 처져 있는 걸 어르신이 아시면 편히 눈을 못 감으실 거예요. 제발, 기운을 차리세요, 네?"

나는 별이의 말을 곱씹어 보았다. 도선 대사가 들려주었다는 말도 떠올렸다.

'아버지는 내가 큰 인물이 되는 걸 보고 싶다고 하셨지. 내게 과연 그럴 능력이 있을까? 하지만 이대로 주저앉을 수는 없다. 아버지를 기쁘게 해 드리는 길은 내가 우뚝 서는 것일 테니까.'

나는 다시 힘을 내어 궁궐 짓는 일에 매달렸다.

마침내 이듬해, 송악산을 뒤로하고 10여 길에 이르는 성을 쌓고, 그 안에 궁궐을 지었다.

궁예는 송악 성과 궁궐을 보고 매우 기뻐했다.

"참으로 놀랍도다! 내 그대를 정기대감으로 삼겠노라!"

궁예는 철원에 있던 모든 신하와 군사들에게 송악으로 옮겨 올 것을 명했다. 하지만 궁예가 아무리 기뻐해도 내 마음은 슬프기만 했다. 나는 궁예가 아닌 아버지의 칭찬을 듣고 싶었던 것이다.

'아버지, 보이십니까? 아버지의 아들이 조상 대대로 내려온 송악에 멋진 성을 쌓고 궁궐을 지었습니다.'

두 뺨을 타고 주르르 눈물이 흘렀다. 하지만 언제까지 눈물에 젖어 있을 수만은 없었다. 나는 궁예의 장수가 되어 어지러운 싸움터의 한가운데로 뛰어들어야만 했다.

궁예가
세운 나라

송악으로 도읍을 옮긴 뒤, 궁예는 평양 일대와 한산주_{황해도, 경기도, 충청도 일부를 포함하는 신라의 지방 행정 구역}의 성들을 공략하는 등 세력을 넓혀 갔다. 평양 호족인 검용의 눈치를 보던 평양 일대의 호족들이 궁예에게 귀부한 것도 기쁜 일이었다.

"평양 일대도 대장군의 것이 되었습니다. 감축드립니다."

나는 궁예에게 치하를 건넸다. 하지만 어찌 된 일인지 궁예의 얼굴은 어둡기만 했다.

"대장군, 안색이 안 좋으십니다. 무슨 일이라도 있습니까?"

나는 걱정스레 물었다.

"음, 북원에 본거지를 둔 양길이 아직도 위세를 떨치며 청주, 국원_{충주}을 비롯하여 한강 남쪽의 광주_{경기도 광주}에 이르기까지 30여 개의 성을 거느린 채 호시탐탐 나를 노리고 있잖은가? 하루빨리 눈

엣가시 같은 놈들을 몰아내야 해."

궁예는 양길이 언제고 자신을 공격해 올 것을 알고 있었다. 그래서 첩자를 심어 두고 때가 오기만을 기다렸다.

그러던 어느 날, 드디어 양길이 군사를 이끌고 북원을 떠났다는 소식이 첩자를 통해 전해졌다.

"그래, 양길이 어느 쪽으로 쳐들어올 것 같은가?"

궁예가 묻자 신하들은 새 궁궐이 있는 송악이라고 대답했지만 내 생각은 달랐다.

"아닙니다. 그들은 빼앗긴 철원성을 되찾으러 북쪽으로 군사를 움직일 것입니다. 당장 달려가 적의 길목을 막고 우리가 먼저 기습 공격을 해야 합니다!"

"그래, 왕 장군 말이 맞다. 내 당장 왕 장군과 함께 군사를 이끌고 양길에 맞설 것이다!"

나는 궁예를 따라 철원으로 진격했다. 내 추측대로 양길의 군사들도 북쪽을 향해 달려왔다. 양쪽 군사들은 비뇌성에서 피할 수 없는 한판 대결을 벌였다.

"군사들이여, 지금이 바로 양길의 군대를 무너뜨릴 좋은 기회다. 모두 나를 따르라!"

나는 칼을 들고 앞장서서 달려가며 군사들을 독려했다.

"와와!"

사기가 높아진 군사들은 물밀듯이 양길의 군사들을 향해 달려들었다. 앞쪽에서는 궁예가, 뒤쪽에서는 내가 이끄는 군사들이 몰아치자 양길의 군사들은 우왕좌왕하다가 하나둘 쓰러졌다.

　"우아, 적장이다! 적장 양길을 잡았다!"

　오도 가도 못하던 양길은 마침내 궁예의 군사들에게 잡혀 죽임을 당했다.

　'천하의 양길이 손도 못 쓰고 죽다니! 이제 궁예의 세력은 더욱 강해지겠구나.'

　나는 더욱 강한 세력을 쌓게 된 궁예가 존경스러웠다.

　그즈음 완산주_{전주}로 도읍을 옮긴 견훤이 무너진 백제의 뒤를 잇는다며 후백제를 세웠다는 소식이 들려왔다. 그러는 동안 나는 궁예의 명을 받아 공주, 국원, 당성_{화성 남양}, 청주, 괴양_{괴산} 등을 정벌하는 등 많은 전과_{전투나 경기 따위에서 올린 성과}를 올렸다. 그중에는 스스로 성문을 활짝 열고 나와 우리를 맞이한 성주들도 있었다.

　"가엾은 백성들의 피를 보지 않고 싸움에서 승리하는 일, 싸우지 않고 이기는 전쟁, 그게 바로 내가 원하는 것이다."

　나는 기쁜 마음으로 중얼거렸다.

　첫 단독 출정에서 큰 성과를 거둔 나는 늠름한 개선 장군이 되어 송악으로 돌아왔다.

　"참으로 훌륭하도다! 내 그대에게 아찬의 벼슬을 내리겠노라!"

　궁예는 크게 기뻐하며 나를 맞았다.

　그날 밤, 궁예는 술상을 차려 놓고 나를 불렀다. 몇 차례 술을 따라 주며 승전을 치하하던 궁예는 나를 바라보며 말했다.

"아찬, 그대가 부럽도다."

"대장군, 어인 말씀이십니까?"

나는 어리둥절했다. 당당한 체구에 위엄 어린 모습으로 늘 상대방을 압도하는 그가 나를 부러워하다니.

"그대의 아버지 왕 공은 참으로 자네를 사랑하는 분이 아니었는가? 신라 왕실의 왕자로 태어났으나 태어날 때부터 버림받은 나하고는 처지가 다르지. 나는 태어난 날이 '5' 자가 겹치는 단옷날인데다가 태어날 때 이미 이가 나 있었고, 지붕 위로 흰빛이 뻗어 하늘에 닿았다더군. 신하들은 장차 나라에 큰 변고(갑작스러운 재앙이나 사고)가 생길 징조이니 아기를 당장 내다 버려야 한다고 목소리를 높였다네. 그래서 임금의 명을 받은 군사들이 후궁인 어머니를 찾아왔지. 놀란 어머니는 나를 살리려고 정자 아래로 던졌다네. 그런데 그만 유모가 나를 받다가 손가락으로 한쪽 눈을 찌르는 바람에 이렇게 애꾸가 되었다네. 나는 그 후 유모 손에 자랐고, 놈들은 후궁이었던 내 어머니마저 죽였어. 난 평생 나를 버린 신라와 신라 왕실에 대한 분노를 가슴에 품고 살았다네. 내가 이토록 힘을 갖고자 한 것도 다 신라에 대한 복수심 때문이지."

나는 궁예의 슬픔을 알 듯했다.

"심기(마음으로 느끼는 기분)를 편안히 가지시옵소서."

나는 빈 잔에 천천히 술을 따랐다.

궁예는 술잔을 비우고 나서 말했다.

"아찬, 나는 이제 신라보다 더 큰 나라를 세울 걸세. 신라가 내 앞에서 무릎 꿇고 비는 모습을 반드시 보고 말 거야. 그러니 그대는 앞으로도 내가 대업을 이룰 수 있도록 앞장서서 도와주게."

궁예는 굳은 얼굴로 말했다. 그 얼굴에는 슬픔과 분노와 포부가 뒤섞여 있었다.

며칠 후, 궁예는 온 조정 대신들이 모인 자리에서 선포했다.

"짐은 송악으로 옮겨 온 후 늘 마음속으로 새 나라를 세우려 했노라. 이제 때가 왔노라. 내가 세울 나라의 이름은 신라와 당나라의 손에 스러져 간 옛 고구려의 영광을 되찾기 위해 후고구려^{고려}라 할 것이다. 경들은 나를 도와 우리 후고구려가 신라와 후백제를 무찌르고 삼한을 통일할 수 있도록 힘쓰라!"

"폐하, 만세!"

"만세! 만만세!"

신하들은 궁궐이 떠나갈 듯 만세를 외쳤다. 금관을 쓰고 황금빛 옷을 입은 궁예의 모습은 어느 때보다 위엄 있고 황홀했다.

'도선 대사가 내게 큰 인물이 될 거라고 한 말은 무슨 뜻이었을까? 궁예가 새 나라를 세우고 왕위에 오르도록 곁에서 묵묵히 도와주는 사람이라는 뜻일까? 그게 내가 해야 할 일이라는 걸까?'

나는 곰곰 생각에 잠겼다.

다시 철원성으로

궁예가 나라를 세운 지 두 해가 지났다. 모처럼 일찍 집으로 들어간 어느 날, 하인 두엄이가 헐레벌떡 달려왔다.

"나리마님, 제가 분부대로 지네산에 갔었습니다. 그런데……."

두엄이는 차마 말을 잇지 못했다. 내가 담적 스승님을 자주 찾아뵙고 살림살이를 보살펴 드리라 일러두었던 터였다.

"어허, 빨리 말하지 못하겠느냐?"

나는 다그쳐 물었다.

"닷새 만에 산채에 가 보니 스승님께서 주무시듯 반듯하게 누워 계셨습니다. 아주 편안한 모습으로요. 그래서 양지바른 산기슭에 고이 묻어 드리고 오는 길입니다."

"이런……."

나는 정신이 아득했다. 스승님이 떠나는 마지막 길을 지키지 못한 자책감에 온몸이 떨렸다.

문득 스승님의 가르침이 떠올랐다.

'칼을 드는 명분은 백성들의 고통을 덜어 주기 위해서여야 한다. 그게 우선이다. 네 자신보다, 가문보다, 나라보다 중요한 것은 이 땅에 사는 사람들이다…….'

나는 눈시울이 뜨거워졌다. 천둥이도 꺼이꺼이 흐느꼈다.

'스승님의 뜻을 잊지 않을 것입니다. 부디 편안히 가십시오!'

나는 집안사람들에게 일러 절에 가서 스승님의 천도제_{죽은 사람의 넋이 깨끗한 세상으로 가도록 기원하는 일}를 성대하게 올리게 했다.

다음 날, 슬픈 마음으로 궁궐에 들어갔다. 그런데 웬일인지 임금인 궁예 역시 얼굴 표정이 어두웠다.

"이보게 아찬, 요즈음 후백제가 그 옛날 백제처럼 해상 무역에 힘을 쏟는다지? 해상 무역으로 나라의 살림살이가 좋아져 수군도 갈수록 막강해지고."

나는 이때다 싶어 평소에 생각하던 것을 이야기했다.

"폐하, 나날이 강해지는 후백제 세력을 가만두면 장차 큰 위협이 될 것입니다. 더 늦기 전에 견훤의 숨통을 죄어야 합니다."

"잘못 건드리면 도리어 벌집을 쑤시는 꼴이 되지 않겠나?"

"소신에게 방안이 있습니다. 후백제의 근거지인 무진주의 서남쪽에 있는 금성_{나주}을 점령하면 저들은 감히 군사를 일으켜 북쪽을 칠 엄두를 못 낼 것입니다."

"영산강 하구에 있는 금성은 멀고도 먼 길이 아닌가? 가는 도중에 신라는 물론 후백제 군사들과 싸움을 피할 수 없을 터인데, 그걸 어찌 견딜꼬?"

궁예는 머리를 저었다.

"폐하, 후백제는 신라 대야성 공격에 실패한 뒤라 지금은 금성까지 군사를 움직일 힘이 없습니다. 게다가 소신은 육로가 아니라 바닷길로 가려 합니다. 수군을 이끌고 가면 빠른 시일 안에 금성에 닿을 수 있을 터이니, 제게 군사를 내주십시오!"

"하하, 수군이라? 그거 참으로 과감한 전략이로다!"

궁예는 흔쾌히 허락해 주었다.

나는 곧바로 부하들을 이끌고 정주 경기도 풍덕 로 향했다. 한강, 임진강, 예성강이 만나는 정주 포구는 예성강 포구처럼 새로운 배를 만드는 데 안성맞춤인 곳이었다.

얼마 후, 나는 수십 척의 군선을 이끌고 금성으로 향했다. 바닷길은 멀고 험했지만 워낙 물길을 잘 아는 뱃사람들을 수군으로 선발한 덕에 목포 앞바다를 지나 영산강 포구까지 거침없이 올라갈 수 있었다.

내 생각대로 금성의 방비는 허술했다. 후백제 군사들은 변변히 싸워 보지도 못한 채 금성을 우리 손에 내주었다.

"이제부터 금성은 우리 땅이다! 백성들은 궁예 대왕에게 충성을 다하도록 하라!"

나는 금성이 후고구려의 땅임을 천하에 알렸다. 그 뒤 금성 주위에 있는 10여 성을 차례로 빼앗고 곳간 문을 활짝 열어 굶주리

고 헐벗은 백성들에게 나누어 주었다. 착한 백성들도 먹을 게 없어 굶주리면 초적이 되고 적고적이 된다는 걸 누구보다 잘 알았기 때문이다.

"왕건 장군, 만세!"

"후고구려 만세!"

백성들은 눈물을 흘리며 기뻐했다. 송악으로 돌아오자 궁예는 매우 기뻐하며 나를 맞았다.

나주 공략을 이룬 이듬해 어느 날, 궁예는 만조백관 조정의 모든 벼슬아치이 모인 자리에서 갑자기 이렇게 선포했다.

"짐은 나라의 이름을 마진으로 바꾸고, 연호를 무태로 쓰려고 하오. 그리고 도읍을 송악에서 다시 철원으로 옮길 것이오. 도읍이 서쪽으로 너무 치우쳐 있어서 중심을 바로잡으려는 것이니 경들은 서둘러 준비하라!"

그야말로 청천벽력 같은 소리였다.

'새 나라를 세운 지 몇 해나 되었다고 나라 이름을 바꾼단 말인가? '마진'이라는 말은 불교에서 쓰는 말이 아닌가? 게다가 이제 겨우 나라의 기틀을 잡아 가는 판에 도읍을 옮긴다니?'

송악 성주가 되어 밤낮으로 인부들을 다독이며 돌을 나르고, 나무를 잘라 성을 쌓고 궁궐을 지은 나는 마냥 서운했다. 그러다가 퍼뜩 의아한 생각이 들었다.

'혹시 이곳 사람들의 힘이 커지는 걸 두려워하는 것일까? 아니면 송악에 근거지를 둔 나를 견제하려는 걸까?'

갑자기 머리끝이 쭈뼛 섰다. 점점 궁예에 대한 알 수 없는 두려움이 일었다. 하지만 누구 하나 궁예의 말에 거역하는 사람이 없었다. 철원 천도 도읍을 옮김는 정해진 사실이었다.

"짐은 청주인 천 명을 철원으로 옮겨 살게 하고, 그들로 하여금 궁궐을 짓고 나라의 기틀을 세우는 데 앞장서게 할 것이다!"

궁예는 모든 일을 미리 계획한 듯 서둘러 발표했다. 청주 사람들을 곁에 두려는 것은 그들이 행여 견훤의 편으로 돌아설까 두려워한 탓이리라.

그날 밤, 집으로 돌아오는 내내 마음이 돌덩이같이 무겁기만 했다. 집 앞에 다다르자 대문 앞에 별이가 서 있었다.

"아니, 네가 어쩐 일이냐?"

"오라버니 마중을 나왔지요. 어서 안으로 들어가세요."

별이는 달덩이처럼 환한 얼굴로 웃었다. 어머니마저 돌아가신 후 집 안에는 늘 남녀 시종들만 있었는데, 종종 별이가 들러 고마운 마음이 절로 들었다.

"그래, 아버님은 평안하시고?"

방으로 들어간 나는 별이 아버지의 안부를 물었다.

"아휴, 이제 연세가 들어 일도 못하시면서 날마다 대장간에 나와 온갖 참견을 다 하신답니다. 집에 있으면 심심하다면서요."

"하하, 평생 쇳물을 다루며 사셨는데 왜 안 그렇겠느냐? 그런데 오늘은 무슨 바람이 분 게냐?"

"지난번에 천둥이 오라버니가 부탁한 일 때문에요."

"천둥이 부탁이라니?"

천둥이가 옆에서 겸연쩍은 얼굴로 말했다.

"장군의 뜻을 물어보지도 않고 제가 한 일입니다. 아무래도 대장간에서 만든 무기를 모조리 나라에 내놓는 게 불안해서 얼마 전부터 따로 무기를 만들어 안전한 곳에 숨겨 두라 일렀습니다. 행여 무슨 일이 생기더라도 무기가 있어야……."

"그래요, 무기는 힘이니까요. 그래서 무기를 남의 눈에 안 띄는 창고에 차곡차곡 쟁여 두었습니다. 만약을 위해서 말이에요."

나는 잠시 할 말을 잃었다. 다른 때 같으면 말도 안 되는 일이라고 역정몹시 언짢을 때 내는 성을 냈을 텐데, 오늘은 어쩐지 그럴 기분이 아니었다. 게다가 도읍을 철원으로 옮기고 나면 나의 근거지인 송악을 방비하기 위해서라도 무기가 꼭 필요할 터였다.

"그래, 고맙구나. 남의 눈에 띄지 않도록 잘 간수해라."

나는 이 세상에서 가장 믿을 만한 두 사람이 있어 든든했다.

이듬해 나는 궁예를 따라 철원성으로 갔다. 새 궁궐은 누각의 단청옛날식 집의 벽과 기둥, 천장에 여러 가지 빛깔로 그린 그림이나 무늬이며 조각들이 화려하기 그지없었다. 하지만 억지로 끌려와 궁궐 짓는 일에 매달린 청주 사람들과 철원 근방의 백성들은 궁예의 행동이 못마땅하기만 했다.

"백성들이 밥을 먹는지 굶는지 통 관심이 없는데 저토록 화려한 궁궐이 다 무슨 소용인가?"

"난 내 고향 청주로 돌아가고만 싶어."

백성들의 마음은 슬픔과 고통으로 얼룩졌다. 그런데도 궁예는 백성들의 마음은 헤아리지 않고 신라를 공격하지 못해 안달이 날 지경이었다.

"신라는 나의 원수로다! 이제부터 신라를 반드시 멸망시켜야 할 '멸도'라고 부르도록 하라. 이를 어길 때에는 목숨을 내놓아야 할 것이다!"

궁예는 나날이 복수심에 불탔다. 신라에서 온 유민_{고향을 떠나 이리저리 떠돌아다니는 백성}들을 보이는 대로 죽이라는 명령을 내릴 정도였다.

"폐하, 그건 안 됩니다. 비록 신라의 유민이라 할지라도 그들은 이 나라의 백성입니다. 부디, 그들에게 자비를 베푸소서."

나는 궁예에게 간청했다.

"그대는 어찌하여 내 말을 거스르는가? 당치 않다!"

궁예는 한쪽 눈을 부라리며 꾸짖었다.

'왕이 달라졌어. 내가 알던 분이 아니야.'

나는 점점 더 가슴이 답답해졌다.

그 일이 있은 후, 나는 몇 해 동안 상주를 비롯한 경상도의 전쟁터를 돌며 연전연승을 거두었다. 그러자 견훤이 군사들을 돌려 나주를 되찾으려 한다는 소식이 들어왔다.

"내 그대의 벼슬을 한찬으로 높이고, 해군 대장군을 내리노니 나주로 가서 견훤의 군사들을 물리치도록 하라!"

궁예는 누구보다 바다를 잘 아는 나에게 또다시 나주 출정 명령을 내렸다.

'이번 나주 정벌은 지난번과는 상황이 달라. 그때는 변방을 지키던 얼마 안 되는 군사들과 맞서 싸웠지만 이번에는 견훤이 목숨을 걸고 나서는 전쟁이다. 함부로 덤볐다간 물귀신이 될 수도 있어.'

나는 종희, 김언 등 부장들을 데리고 지난번처럼 정주로 가서 군선들을 점검했다. 그곳에서 수군들을 이끌고 빠른 속도로 남쪽을 향해 내려갔다. 둥둥 울리는 북소리에 맞춰 사공들은 열심히 노를 저었다. 배마다 칼은 물론 창, 화살, 불화살 같은 무기들이 준비되어 있었다.

마침내 우리 선단^{한 조직 안에 있는 배의 무리}이 목포 앞바다를 지나 막 영산강 하구 쪽으로 가고 있을 때였다. 망을 보던 수군이 외쳤다.

"후백제의 배가 보입니다!"

가만히 보니 후백제의 배는 영산강 하구를 가득 메우고 있었다.

그 모습을 본 우리 수군들이 겁을 먹고 눈을 휘둥그레 떴다.

"견훤의 군대는 육군은 강하지만 수군은 약하다고 들었는데 배가 저렇게나 많아?"

"우리 군선보다 몇 배나 많은걸."

나는 겁먹은 수군들을 향해 목청껏 외쳤다.

"군사들이여, 숫자가 많은 걸 두려워하지 마라. 적이 아무리 많아도 반드시 이겨야겠다는 용기와 의지만 있으면 얼마든지 승리할 수 있다. 나는 그대들의 대장군이다! 나를 믿고 따르라!"

그러자 수군들은 용기를 내어 후백제의 배를 향해 공격하기 시작했다. 하지만 후백제의 수군들은 좀처럼 물러설 줄 몰랐다.

'견훤이 단단히 벼르고 온 모양이구나. 좋은 수가 없을까?'

이대로 맞붙어 싸우다간 우리가 불리할 게 뻔했다. 그때 바람이 후백제군 쪽으로 불기 시작했다.

'옳지, 화공법 전쟁을 할 때 불로 적을 공격하는 병법 이다!'

나는 때를 놓치지 않고 큰 소리로 명령했다.

"당장 불화살을 준비해 적의 군선을 향해 쏴라!"

둥둥 북소리, 깨갱 꽹과리 소리가 울리는 가운데 불화살이 강물을 넘어 후백제군의 배 위로 마구 날아갔다.

"불이다! 불이야!"

여기저기서 고함과 함께 후백제 군사들이 강물로 풍덩풍덩 뛰어들었다.

"일단 후퇴하라! 후퇴하라!"

후백제 군사들은 영산강 포구 쪽으로 후퇴해 진을 쳤다. 우리도 대책이 필요했다. 후백제군이 영산강 기슭에 진을 치고 있어서 우리는 견훤의 군대에 포위를 당한 꼴이 되었다.

'날이 밝으면 더 치열한 전투가 벌어지겠구나. 후백제군은 인해전술 패하고 패해도 더 많은 군사를 쏟아부어 적을 물리치려는 전술 로 우리를 공격할 것이다. 맞붙어 싸우다간 아군의 피해가 클 터인데, 참으로 큰일이군.'

나는 자리에 누웠지만 머릿속에는 오직 내일 벌어질 전투에 대한 생각뿐이었다. 그러다 깜빡 선잠이 들었는데 꿈에 담적 스승님이 나타나 말했다.

"어찌하여 이 중요한 시각에 잠을 자느냐? 지금 바로 강으로 나가 보아라. 강물이 빠졌으니 어서 두대산으로 진군하고, 파군천 하류에서 진을 치고 있다가 적군이 뒤쫓아오면 맞아 싸우라."

나는 소스라쳐 놀라 일어났다. 어느새 강물이 빠져 있었다.

"아, 스승님이 우리를 돕는구나!"

나는 부장들을 불러 꿈 이야기를 들려주었다. 그리고 나서 스승님이 일러 준 대로 군사들을 배치하고 견훤의 군사들을 기다렸다.

날이 밝자 우리의 배가 사라진 걸 본 견훤의 부대가 허둥지둥 우리를 추격해 왔다.

"전군은 들어라! 지금이 바로 후백제군을 깨부술 기회다!"

나는 용과 호랑이 무늬가 그려진 지휘선에서 큰 소리로 외쳤다. 군사들은 후백제군의 배에 불을 지르고, 한쪽에서는 두대산을 향해 올라오는 군사들을 향해 화살을 쏘아 댔다.

"으악! 불이다, 불이야!"

후백제 군사들은 활활 타는 배를 바라보며 허둥거리다가 하나둘 쓰러져 갔다. 승기를 잡은 우리 군사들은 더욱 힘을 내어 견훤을 쫓았다. 하지만 견훤은 이미 작은 배를 타고 도망친 뒤였다.

"대장군, 대승입니다! 앞으로 후백제 군사들은 나주 지역에 얼씬도 못할 것입니다."

군사들은 말할 것도 없고 부장들도 기쁨에 들떠 외쳤다. 나는 그들의 용기와 노고를 치하하고 승리를 마음껏 즐겼다. 그러면서 성을 고쳐 짓고 백성들을 살피는 데 힘을 쏟았다.

그러던 어느 날, 나는 부장 김언과 고을 사정을 살피러 나갔다가 목이 말라 한 우물가로 갔다. 마침 그곳에서 한 처녀가 물을 긷고 있었다. 고운 눈매에 여린 모습의 처녀였다.

"낭자, 목이 마르니 물 좀 주시겠소?"

처녀는 다소곳이 눈을 내리깔고 말없이 바가지에 물을 떠서 우물가에 있는 버드나무의 잎을 띄워 건네주었다. 나는 처녀가 내민 바가지의 물을 달게 마신 후 궁금하여 물었다.

"낭자, 어찌하여 버드나무 잎을 띄워 주었소?"

처녀는 수줍어하며 낭랑한 소리로 말했다.

"몹시 갈증이 나신 듯하여 행여 급히 마시다가 체하실까 봐 천천히 드시라고 그리하였습니다."

"오, 참으로 영리한 낭자로다. 어디 사는 낭자시오?"

나는 처녀의 지혜로운 마음씨에 감동하여 넌지시 물었다.

"저는 오다련의 딸이옵니다."

오다련은 나주의 이름난 호족이었다. 나는 그 후 종종 오다련의 집을 찾아갔다. 그들 부녀는 나를 따뜻하게 맞아 주고 편안하게 대해 주었다.

쫓겨 가는 궁예

다시 철원성으로 올라온 나는 오랜만에 궁예와 마주 앉았다. 그 사이 궁예는 나라 이름을 태봉, 연호를 수덕만세로 바꾸었다.

"하하, 왕 장군, 수고했네! 그대 덕분에 나주는 물론 서남해안이 우리 손에 들어왔어. 내 그대에게 파진찬의 벼슬을 내리고 시중을 겸하게 하겠노라!"

궁예는 기쁨에 들떠 큰 벼슬을 내렸다. 시중은 광평성의 장관으로 임금 다음가는 높은 자리였다.

"폐하, 황공하옵니다. 이 모든 것이 폐하의 승리이옵니다."

"하하, 됐네, 됐어! 난 그대의 그 겸손함이 마음에 든다니까."

궁예는 한바탕 호탕하게 웃었다.

그즈음 궁예는 예전의 궁예가 아니었다.

"나는 미륵불이다! 너희는 나를 따르라!"

궁예는 자신을 스스로 미륵불이라 일컬었다. 원래 불교에서 말하는 미륵불은 부처보다 공덕이 더 높은 분으로 가엾은 사람들을 구제하기 위해 이 세상에 오신다고 했다. 그런데 궁예는 스스로 미륵불이라 일컬으며 자신을 칭송하는 불경 스무 권을 편찬하여 백성들에게 읽혔다.

'한 나라의 임금이 스스로 미륵불이라 칭하다니! 게다가 백성들을 위한답시고 독선 자기만 옳다고 믿고 행동하는 일을 저지르는 게 미륵불이 할 짓이란 말인가?'

나는 점점 머리가 혼란스러워졌다.

그러던 어느 날 천둥이 허둥지둥 달려와 말했다.

"대장군, 크, 큰일 났습니다! 어서 포정전으로 가 보십시오!"

"무슨 일인가?"

"소인은 차마, 마…… 말을 못하겠습니다."

나는 의아한 얼굴로 포정전 뜰로 나아갔다. 그런데 눈앞에 펼쳐진 광경은 처참했다.

"그래, 석총! 다시 한 번 말해 보아라. 이 불경이 어떻다고?"

"오냐, 내 백 번, 천 번 말하리라. 그건…… 부처님 말씀이 아니라, 배, 백성들의 마음을 혹하게 하는 요사스러운 이야기를 늘어놓은 책일 뿐이다. 그러니, 다, 당장 그 요상한 책을 불태워……."

석총 스님은 피를 흘린 채 안간힘을 쓰며 말했다.

"뭐라? 요사스러운 이야기? 짐을 위한 불경이 그렇게도 우습단 말이지? 에잇!"

궁예는 길길이 날뛰며 석총 스님을 향해 철퇴를 내리쳤다.

"부……디, 어리석은 백성들을 혹하게 하지 말고…… 부처님의 참뜻을……."

석총 스님은 마지막 말을 내뱉으며 스르륵 눈을 감았다.

'아, 삼한 통일을 꿈꾸며 나라와 백성을 걱정하던 임금은 어디로 갔단 말인가? 내가 믿고 따르던 임금은 어디에 있는가? 가엾은 백성들은 누굴 믿어야 하나?'

나는 궁예에 대한 실망과 분노로 가슴이 무거웠다.

그 일이 있은 후 신하들은 더욱 궁예에게 바른말을 하지 않았다. 그의 옆에는 오직 아첨꾼과 간신배들만 득실거렸다. 궁예는 한 나라의 임금이 아니라 교주⟨한 종교 단체의 우두머리⟩ 같았다. 날이 밝으면 황금관을 쓰고 황금 방포⟨스님 옷⟩를 입고는 황금실로 장식한 말을 타고 철원성 밖으로 나갔다. 꽃다운 어린아이들이 향과 연꽃을 든 채 앞장서고, 수백 명의 신하와 시녀가 그 뒤를 따랐다.

"대왕 폐하, 만세!"

"미륵불, 만세!"

백성들은 환호성을 지르며 궁예를 따랐다. 굶주리고 헐벗은 사람들에게 궁예는 이 세상을 구원할 미륵불이었다. 금방이라도 자신을 낙원으로 데려다 줄 구원자로 여겼다.

그즈음 궁예는 툭하면 사람의 마음을 꿰뚫어 보는 관심법이라는 걸 내세웠다.

"여봐라, 나는 미륵 관심법을 깨달았기 때문에 내 앞에서는 어느 누구도 거짓말을 할 수 없다. 만약 거짓말이나 거짓 행동을 했다가 들키는 날에는 이 쇠몽둥이가 가만있지 않을 것이다!"

궁예는 3척이나 되는 쇠몽둥이를 휘두르며 엄포를 놓았다. 신하들은 물론 그 소식을 들은 백성들은 누구나 궁예의 포악함에 벌벌 떨었다. 어린아이들은 궁예를 보면 오줌을 쌀 정도였으니까.

그러던 어느 날 또다시 궁궐에 피바람이 불어왔다.

"장군, 왕후마마께서 돌아가셨습니다!"

기병대장 신숭겸이 달려와 말했다.

"뭐라? 와, 왕후마마께서 어쩌다가?"

나는 소스라쳐 놀라 물었다.

"왕후마마께서 폐하께 간언 임금에게 옳지 않거나 잘못된 일을 고치도록 하는 말을 올렸다고 합니다. 청주 호족들에게만 나라의 중책을 맡겨 패서도 황해도 지역 호족들의 불만이 크니 배려해 주는 게 어떠냐고 말입니다. 그러자 폐하께서 펄펄 뛰며 패서도 호족의 딸인 왕후마마가 그들과 짜고 반란을 일으키려 한다며 칼을 들어 왕후마마를 내리쳤답니다. 달려들어 말리던 두 왕자마저 죽이고……."

"오, 이럴 수는 없다! 이럴 수는 없어!"

나는 미친 듯이 중얼거렸다.

"대장군, 더는 참을 수 없습니다. 이러다 나라가 망하게 생겼습니다. 무슨 수를 써야……."

신숭겸은 말을 잇지 못했다.

"그렇다. 이럴 때일수록 우리가 정신을 바짝 차려야 해."

나는 대장들에게 나라의 방비를 더욱 튼튼히 하라 일렀다.

그리고 난 얼마 뒤 궁예가 느닷없이 나를 불렀다. 궁예는 이미 예전의 슬기롭고 야심에 찬 모습이 아니었다. 눈빛은 분노와 광기로 이글거렸다.

"왕 장군, 어젯밤에 무리를 모아 역모 반역을 꾀함를 꾸몄다는 게 사실이렷다?"

궁예는 높은 의자에 비스듬히 앉아 다짜고짜 나를 다그쳤다.

'드디어 올 것이 왔구나.'

나는 당황했지만 역모를 꾸미지 않았으니 두려울 게 없었다.

"폐하, 어찌 소신이 그런 일을 꾸미겠나이까?"

나는 태연히 말했다. 그러자 궁예는 더욱 노기를 띤 채 말했다.

"하하, 왕 장군은 내게 사람의 마음을 꿰뚫어 볼 수 있는 신통력이 있다는 걸 모르는가? 어디, 그대의 말이 진실인지 아닌지 미륵관심법으로 알아보겠네."

궁예는 눈을 감고 합장 두 손바닥을 합하여 마음이 한결같음을 나타냄한 채 한동안 하늘을 올려다보았다. 그때 궁예 곁에 있던 최응이 일부러 붓을 떨어뜨린 후, 그걸 줍는 체하며 내게 다가와 재빨리 속삭였다.

"폐하의 말이 무조건 옳다고 하고 용서를 비십시오. 안 그러면 목숨이 위태로울 것입니다."

그제야 나는 퍼뜩 깨달았다.

'그래, 임금은 내가 그런 일을 한 적이 없다 해도 자신의 신통력을 의심한다며 나를 죽일 것이다. 차라리 최응의 말대로 하자. 이

위기를 벗어나는 길은 그것밖에 없다.'

나는 궁예 앞에 머리를 조아렸다.

"폐하, 폐하의 미륵 관심법은 참으로 신통하여 도망갈 구석이 없습니다. 사실 소신이 그런 생각을 한 적이 있습니다. 부디 저의 죄를 용서하시옵소서."

"하하하, 그럼 그렇지! 내 관심법은 틀린 적이 없다니까. 왕 장군, 좋아! 그렇게 솔직하게 털어놓으니 내 그대를 용서하겠네."

간신히 위기를 넘긴 나는 서둘러 궁궐을 나왔다. 수치심과 모욕감이 불길처럼 내 온몸을 사로잡았다. 사내대장부가 살려고 거짓말을 했다는 게 하늘을 우러러 볼 수 없을 만큼 부끄러웠다.

'이런 모욕감은 오늘 한 번뿐이다. 임금은 내가 의지하고 따를 분이 아니야. 만백성의 어버이여야 할 임금이 저러하니 어찌할꼬.'

궁예를 위해 송악에 성을 쌓고 궁궐을 짓고 전쟁터를 누비고 다닌 일들이 모두 허무하게 느껴졌다. 이쯤에서 벼슬을 그만두고 고향 송악으로 돌아가고만 싶었다.

나는 무거운 마음으로 집으로 돌아왔다.

"술상을 봐 오너라."

이런 날은 취하지 않고는 잠을 이룰 수 없을 것만 같았다.

술 몇 잔을 마셨을 때 밖에서 천둥의 목소리가 들렸다.

"장군님, 손님들이 오셨습니다."

'늦은 밤에 누구지?'

나는 손님을 안으로 모시라고 일렀다. 그들은 뜻밖에도 배현경,

홍유, 신숭겸, 복지겸 장군들이었다. 궁예를 도와 이곳저곳 전쟁터를 뛰어다니던 장군들이 함께 찾아온 것이다.

"궁궐에 또 무슨 일이라도 생겼는가?"

나는 먼저 드는 생각이 궁궐 일이었다. 하지만 그들은 대답 대신 내 앞에 무릎을 꿇었다.

"대장군, 더는 참을 수 없습니다! 임금의 횡포와 잔인함이 도를 넘어 나라를 위험에 빠뜨리고 있습니다. 불쌍한 백성들이 헛된 꿈을 좇는 걸 볼 수가 없습니다. 저희는 이미 뜻을 모았습니다."

배현경이 굳은 얼굴로 말했다.

나는 하늘이 무너질 듯 놀라 물었다.

"뜻을 모으다니? 반란이라도 일으키자는 겐가?"

"그렇습니다. 임금은 아무 죄도 없는 패서 사람들에게 역모죄를 씌워 하나둘 죽이고 있습니다. 맨 처음 나라의 이름을 후고구려라고 지은 것은 옛 고구려의 얼을 이어받아 그 땅을 되찾기 위함이 아니었습니까? 그런데 왕은 스스로 미륵불이라 칭하며 얼토당토않은 관심법을 써서 애꿎은 백성들만 죽이고 있으니 가만있을 수가 없습니다."

"저희는 임금을 폐위하고 대장군을 새 임금으로 모시고자 이렇게 찾아왔습니다. 부디 저희의 뜻을 거스르지 마십시오!"

신숭겸, 홍유도 나서서 말했다.

"그런 소리 함부로 하지 마오. 나라의 임금은 하늘이 세운 것이오. 그런 임금을 두고 딴마음을 먹는다는 건 천벌 받을 소리요!"

"모든 일에는 때가 있습니다. 지금이 바로 새로운 나라를 일으킬 때입니다. 후백제의 견훤이 호시탐탐 우리를 노리고 있지 않습니까? 이런 때에 나라를 바로 세우지 않으면 이 나라는 무너지고 말 것입니다. 부디 허락해 주십시오!"

복지겸이 완강하게 버티며 말했다. 나는 차마 그들의 뜻을 받아들일 수가 없어 입을 굳게 다물었다.

그때 방문이 가만히 열리며 유씨 부인이 들어왔다. 나주 정벌을 위해 정주에 들렀을 때 만난 유천궁의 딸이었다.

"아녀자가 참견할 일이 아닌 줄 아오나 한 말씀 올리겠습니다. 예로부터 포악한 임금을 폐하고 새 임금을 받들어 나라를 구한 일이 많이 있는 줄 아옵니다. 장군께서는 부디 이분들의 뜻을 받아 주십시오. 별아, 준비한 걸 들이도록 하여라!"

유씨 부인은 작정하고 온 듯 밖에 대고 일렀다. 그러자 별이가 새로 지은 갑옷을 들고 들어왔다. 몇 해 전 천둥이와 혼인하여 아들을 둘이나 둔 별이는 별채에서 살고 있었다.

"대장군, 부디 이 갑옷을 입고 나라를 구하십시오!"

유씨 부인은 별이가 들고 온 갑옷을 내밀며 간곡하게 말했다.

"어서 소인들의 뜻을 따르십시오. 그리하여 하루라도 빨리 고통과 두려움에 빠진 백성들을 밝은 세상으로 이끌어 주십시오!"

"아아……."

나는 눈을 질끈 감았다. 그 순간 아버지가 마지막으로 남긴 말이 떠올랐다.

"부디 나라를 구할 큰 인물이 되어라……."
뒤이어 스승님의 말씀도 귓전에 맴돌았다.
"칼을 드는 명분은 백성들의 고통을 덜어 주기 위해서여야 한다. 그게 우선이다. 네 자신보다, 가문보다, 나라보다 중요한 것은 이 땅에 사는 사람들이다……."
나는 점점 가슴이 벅차올랐다.
'아, 지금이 바로 그때인가? 만약 이대로 간다면 이 나라는 다른 나라 손에 들어가고 말 것이다. 안 되지. 어떻게 지켜 낸 나라인데. 그럴 수는 없어. 이 나라를 옛 고구려처럼 강한 나라로 만들어야 해. 그리고 반드시 삼한 통일을 이루어야 해. 그러려면 이들의 뜻대로 내가 임금이 되어야 하는가…….'
나는 생각에 잠겼다가 한참 만에 굳은 얼굴로 말했다.
"내 그대들의 뜻에 따르리다!"
나는 유씨 부인이 내민 갑옷을 입었다.
"오, 대장군! 서두르십시오!"
장군들은 기뻐하며 나를 호위하고 철원성으로 달려갔다. 수많은 군사들이 기다렸다는 듯 내 뒤를 따랐다.
"왕 장군께서 드디어 나라를 구하려고 일어나셨다!"
"우아, 우리도 뒤를 따르겠습니다!"
군사 수는 눈 깜짝할 사이에 수백, 수천으로 늘어났다. 움츠리고 있던 백성들도 함성을 지르며 군사들의 뒤를 따랐다. 그들의 함성이 철원성을 울릴 만큼 커졌다.

"궁예는 어디 있느냐? 어서 나와 칼을 받아라!"

홍유, 배현경, 신숭겸, 복지겸 장군은 큰 소리로 외쳤다. 그러나 내가 장군들을 이끌고 궁으로 달려온다는 소식을 들은 궁예는 자신을 따르는 군사들을 이끌고 북문으로 도망친 뒤였다.

"우아, 궁예가 도망갔다!"

"왕건 폐하, 만세! 만세!"

오랜 세월 궁예의 폭정에 시달린 백성들은 환호성을 지르며 나를 맞아 주었다.

고려의 임금에
오르다

　마침내 그해 6월, 나는 철원성의 포정전에서 왕위에 올랐다. 내 나이 마흔둘, 궁예의 부하가 된 지 22년 만의 일이었다.
　나는 만조백관 앞에서 떨리는 목소리로 외쳤다.
　"나는 이제 새 나라를 세우려 한다. 나라의 이름은 옛 고구려를 이어받아 고려로, 연호는 천수로 할 것이다. 온 백성들이 편안하게 살 수 있는 나라를 만들고, 더 나아가 마땅히 삼한 통일을 이루어 전쟁을 끝내려 하니, 모두 짐의 뜻을 따르라!"
　"폐하, 만세!"
　"대고려, 만세!"
　대신들은 기쁨의 함성을 질렀다. 그렇지만 내 마음은 기쁘지만은 않았다. 내가 나라를 구할 큰 인물이 되리라 믿었던 아버지가 이미 내 곁을 떠났다는 사실이 몹시 안타까웠다. 그리고 이 궁궐의 주인이었던 궁예가 자꾸만 떠올랐다. 쫓기듯 궁궐을 빠져나간 궁예는 포천 보개산성까지 뒤쫓아간 군사들을 피해 다니다가 분노한 백성들의 손에 죽었다는 소식이 들어왔다.

나는 갓 스무 살이 된 나를 송악 성주로 삼을 만큼 결단력 있던 임금, 견훤의 부대를 맞아 용감하게 싸우던 임금, 그러면서도 어린 시절의 슬픔을 이야기하던 궁예를 떠올렸다.

'무엇이 궁예를 그토록 망가뜨렸을까? 그건 임금의 책임뿐만이 아니다. 곁에서 모신 우리의 책임이기도 하다.'

나는 궁예의 죽음에 죄책감과 슬픔을 느꼈다. 그러면서 궁예가 이루지 못한 꿈까지 이뤄야 한다는 책임감을 느꼈다.

'오로지 나라와 백성을 위해 살고, 대륙 저 끝까지 땅을 넓혀 고구려 광개토 대왕과 장수왕 시절의 영토를 회복하는 일, 그게 내가 해야 할 일이다.'

나는 속으로 굳게 다짐했다. 하지만 모든 일이 내 뜻대로 풀리지만은 않았다. 나라가 안정되기 전에 반란을 일으키는 자들이 있었던 것이다. 그중에서도 나를 임금의 자리에 앉혔던 환선길이 동생 향식과 함께 군사를 이끌고 와 내 목에 칼을 겨누는 것은 뜻밖이었다. 환선길은 얼결에 복지겸 등 개국 공신 편에 섰으나 궁예가 비참하게 도망가고 나자 후회하는 듯 보였다.

'환선길은 20여 년 넘게 전쟁터를 누비고 다닌 자이다. 내 비록 용맹하다 하지만 저자는 칼을 쥐고 있다. 그러니 두려운 모습을 보이면 지는 거다. 이대로 끝날 수도 있다.'

나는 침착하게 환선길의 칼날을 피하며 궁 안이 쩌렁쩌렁 울리도록 소리쳤다.

"네가 애쓴 공을 생각하여 왕궁을 숙위 밤을 새며 지킴 하는 마군 장군으로 삼았거늘, 어찌하여 내게 칼을 들이대는가?"

"하하, 네가 궁예 대왕을 폐위하고 왕이 되었듯이 나 또한 왕위를 차지하지 못할 게 무엇인가? 어서 내 칼을 받아라!"

"내 비록 너희의 도움으로 임금의 자리에 올랐지만, 내가 임금의 자리에 오른 건 하늘의 뜻이거늘 어찌 이를 어기려 하는가? 오냐, 죽기를 그리 소원한다면 내 너를 가만두지 않으리라!"

나는 다른 때와 다름없는 표정으로 말했다. 환선길은 내가 태연하게 호령하자 칼을 든 손을 주춤했다. 아마도 내가 궁 안에 부하들을 숨겨 둔 줄 알고 겁을 먹었던 모양이다.

그때 환선길의 행동을 수상하게 여기고 뒤쫓던 호위 무사 천둥이 군사들을 이끌고 달려왔다.

"으윽, 원통하다!"

환선길은 그 자리에서 천둥의 칼날에 고꾸라졌다. 그의 동생 향식도 도망가다가 군사들의 칼날에 쓰러졌다.

'참으로 안타깝도다!'

나는 진심으로 환선길이 미웠다. 나를 옹위 좌우에서 보호함 하는 데 앞장섰다가 이를 뒤집으려는 그의 야비함이 미웠고, 새로운 나라를 세우려는 내 의지를 배반한 그의 욕심이 미웠다.

환선길의 반란 이후에도 나를 없애려는 세력들이 몇 차례 더 반란을 일으켰다. 새 나라를 제대로 세우기도 전에 여기저기서 들고 일어나자 내 마음은 마냥 슬펐다.

"폐하, 어느 나라나 건국 초기에는 이런저런 고비가 있기 마련이옵니다. 새 옷도 몸에 익숙해지려면 얼마간의 시간이 필요하옵니다. 부디 마음을 굳건히 하시옵소서!"

둘째 부인 장화 왕후 오씨 부인가 나를 위로했다. 나라가 어지러운 가운데에도 부인의 격려는 내게 적잖이 위안이 되었다.

그러던 어느 날 놀라운 소식이 전해졌다.

"폐하, 궁예를 받들던 간신배들이 지금 외딴 산골 마을에 모여 살고 있다 하옵니다. 그들은 행여 폐하의 눈에 띄면 몰살당할까 염려하여 배를 타고 멀리 도망갈 작정이라 하옵니다. 그러니 이들이 도망가기 전에 서둘러 잡아다가 없애 버려야겠습니다."

"뭐라, 궁예를 받들던 자들? 음, 당장 그들은 물론 그들의 식솔들까지 내 앞으로 데려오도록 하라!"

나는 다급하게 명을 내렸다.

신하들은 군사를 이끌고 가 그들을 한꺼번에 잡아들였다. 곧 죽을 목숨인 줄 안 그들은 벌벌 떨며 내 앞으로 끌려왔다. 궁예 곁에서 부귀영화를 누리던 모습은 오간 데 없고, 지금은 해진 옷을 걸치는 등 그 모습이 비참하기 짝이 없었다.

나는 포정전 뜰에 나아가 그들에게 말했다.

"너희는 어찌하여 제 나라를 두고 남의 나라로 도망치려 했더냐? 나는 내 백성들이 이리저리 떠도는 걸 바라지 않는다. 지난

일은 모두 잊고 이 땅에서 자자손손 행복하게 살도록 하여라!"

"아니, 폐, 폐하!"

"오, 폐하!"

죽은 목숨인 줄 알았던 그들은 눈물바다를 이루며 기뻐했다.

'내 백성들을 고통스럽게 하는 임금이 무슨 임금이란 말인가? 내가 임금의 자리에 오른 건 백성들에게 덕을 베풀고자 함이다. 백성들이 편안하게 살 수 있는 나라, 그게 삼한 통일보다 더 중요한 일이야.'

나는 더욱 마음을 다잡았다.

그러던 어느 날 철원성에 귀한 손님이 찾아왔다.

"폐하, 참으로 감축드리옵니다!"

"아니, 너는 김시헌, 시헌이 아니더냐?"

나는 뛸 듯이 반가웠다. 어린 시절 함께 글공부를 하고, 아버지가 당나라 장안까지 유학을 보냈던 시헌이 돌아온 것이다.

"폐하, 소신 이제야 약속을 지키러 왔나이다. 그 옛날 왕륭 어르신께서 저를 당나라 유학을 보내시면서, 언젠가 힘이 되어 달라고 하셨던 말씀을 기억하시는지요? 소신은 당나라 조정에서 벼슬을 지냈사오나 당나라가 망한 후 이곳저곳을 떠돌며 견문보거나 듣거나 하여 깨달아 얻은 지식을 넓혔사옵니다. 그러다가 폐하께서 새 나라를 세우셨다는 말을 전해 듣고 이렇게 한걸음에 달려왔나이다."

"오, 잘 왔다, 잘 왔어! 내 천군만마를 얻은 듯하구나."

나는 시헌을 와락 끌어안았다. 그렇잖아도 새 나라의 기틀을 닦는 데 견훤이 거느린 최승우와 같은 책사가 꼭 필요하던 참이었다. 나는 시헌을 기꺼이 나의 책사로 삼았다.

"폐하, 고려는 여러 호족들이 모여 이루어진 나라이옵니다. 지난날 양길이나 궁예처럼 힘 있는 호족들은 언제든지 자신의 세력을 넓히려 할 것이옵니다. 그걸 막을 가장 좋은 방법은 혼인을 통한 유화 성격이 다른 두 가지를 서로 잘 섞이게 함 정책이옵니다."

"그게 무슨 말인가?"

나는 의아한 얼굴로 물었다.

"폐하, 호족의 딸들과 혼인을 하시옵소서. 그리하면 그들이 결코 딴마음을 먹지 못할 것입니다."

"하하, 그런 방법이 있단 말이냐?"

나는 한바탕 웃으며 고개를 끄떡였다.

그리고 난 얼마 뒤, 한 가지 더 기쁜 소식이 전해졌다. 견훤의 아버지인 아자개가 군사들을 이끌고 우리 고려에 귀부한 것이다. 견훤이 완산주에 황궁을 지어 놓고 동생 능애와 책사 최승우를 보내 아버지를 태황제로 모시려 했으나, 아자개는 아들이 아닌 나를 택한 것이다.

"사벌주는 백제와 국경을 이루는 중요한 지역이다. 아자개와 그의 식솔들을 예로써 대하도록 하라!"

나는 성대한 환영 잔치를 베풀고 아자개를 맞이했다. 그리고 그를 상부 아버지로 부르며 온갖 공경을 아끼지 않았다. 편안한 노후를 보내던 아자개는 그 후 얼마 안 가 세상을 떠났다. 나는 비록 적장의 아버지이지만 정중하게 장례까지 치러 주었다.

나라가 어느 정도 안정을 찾자 나는 만조백관을 모아 놓고 말했다. 왕위에 오른 후 날마다 생각하던 일이었다.

"짐은 철원성을 떠나 송악으로 도읍을 옮기려 하오. 고려는 바닷길을 통해 여러 나라로 나아가는 해상 국가가 될 것이오!"

어느 누구보다 송악의 유리한 점을 잘 알고 있던 나는 송악 천도를 서둘렀다.

마침내 송악산 남쪽 기슭에 새롭게 단장한 궁궐은 보기에도 웅장하고 화려했다. 거대한 계단인 만월대를 오르자 높다란 이 층 누각으로 지은 회경전을 비롯하여 수많은 전각들이 모습을 드러냈다. 나는 조상의 피와 땀이 어린 송악으로 돌아오자 말할 수 없을 만큼 가슴이 벅차올랐다.

나는 도읍을 송악으로 옮긴 후, 한 나라의 도읍지로 새롭게 연다는 뜻으로 개경이라 고쳐 부르도록 했다. 그리고 시헌을 비롯한 여러 신하들과 머리를 맞대고 나라를 다스릴 기본 정책들을 세워 나갔다.

그렇게 숨 가쁜 나날이 이어졌다. 후백제와 밀고 밀리는 통일 전쟁도 끊이지 않았다. 그 와중에 수많은 유민들이 고려로 찾아들었다. 나는 유민들을 참혹하게 대하던 궁예와 달리 그들을 품 안에 따스하게 받아들였다.

안타까운 공산 전투

그렇게 몇 해가 흐른 어느 날이었다.
"폐하, 신라 경애왕이 서찰을 보내왔나이다!"
한 신하가 다급하게 알렸다.
"그게 정말이더냐?"
나는 재빨리 서찰을 읽어 내려갔다.
"이런, 걱정하던 일이 현실로 드러났구나. 지금 견훤이 신라를 공격하여 근암성 문경과 고울부 영천를 빼앗은 뒤 서라벌을 향해 가고 있으니 도와 달라는 내용이로다. 당장 공훤을 선봉장으로 삼아 후백제군을 치도록 하라!"
나는 군사 만 명을 내주며 명령했다. 하지만 공훤의 군사가 미처 서라벌에 닿기도 전에 견훤이 서라벌로 쳐들어가 포석정 돌로 구불구불한 도랑을 만들고 그 도랑을 따라 물이 흐르게 만든 연회 장소. 경주 남산 서쪽에 있음에서 잔치를 벌이던 경애왕을 습격했다는 놀라운 소식이 날아왔다.

"간신히 몸을 피해 남쪽 별장에 숨어 있던 경애왕은 물론 왕비와 후궁, 시녀들을 잡아들인 후, 경애왕을 강제로 자결하게 했다 하옵니다. 나아가 견훤은 경애왕의 이종사촌 동생인 김부를 왕위에 앉혔다 하옵니다."

"으음!"

나는 안타까움에 저절로 신음 소리가 새어 나왔다. 조금 더 빨리 손을 쓰지 않은 것이 후회되었다. 이제 견훤과의 전면전은 피할 수 없는 일이 되고 말았다. 서라벌을 손에 쥔 견훤을 넘지 않고서는 결코 삼한 통일을 이룰 수 없었다.

나는 초조하게 서라벌에서 들려오는 소식에 귀를 기울였다. 하지만 후백제군과 맞서 싸우던 공훤의 1만 대군이 거의 전멸하고 살아 돌아온 자가 겨우 손에 꼽을 정도라는 충격적인 소식을 듣고 말았다.

"으윽, 우리 군사들이 전멸했다고? 이럴 수는 없다! 짐이 직접 군사를 이끌고 출정하여 견훤과 맞서 싸우리라. 당장 갑옷과 칼을 가져오라!"

나는 큰 소리로 외쳤다.

곁에 있던 시헌이 조심스레 말렸다.

"폐하, 우리 군사들이 많이 희생되었나이다. 좀 더 힘을 가다듬은 후 출정하시는 게 마땅하옵니다."

"아니다. 후백제의 군사들은 오랜 전쟁으로 지칠 대로 지쳐 있을 것이다. 그러니 그들이 돌아가는 길목을 지키고 있다가 치면 승산이 있다!"

"하오나, 폐하……."

시헌은 여전히 내 뜻에 반대했다. 몇몇 신하들도 마찬가지였다. 하지만 나는 신하들의 반대를 무릅쓰고 신숭겸을 대장군으로 삼고, 김락, 전이갑 등을 부장으로 삼아 직접 5천 명의 기병을 이끌고 전쟁터로 달려갔다. 호위 무사 천둥도, 책사 시헌도 무장한 채 내 옆을 바짝 따랐다.

'이번이 마지막 전쟁이면 얼마나 좋을까?'

나는 견훤이 내 앞에 무릎을 꿇는 모습을 머릿속으로 그려 보았다. 꼭 그런 날이 오리라는 믿음을 갖고서.

마침내 군사들을 이끌고 공산팔공산 동수대구 가까이 이르자, 나는 지형땅의 생긴 모양이나 형세을 살피고 나서 크게 외쳤다.

"이곳이다! 여기서 견훤의 군사들과 맞서 싸우자!"

그러자 신숭겸이 나서서 말렸다.

"폐하, 이곳은 산이 깊고 험한 데다 너무 좁아 적의 군사가 한꺼번에 들이닥치면 꼼짝달싹하지 못할 것이옵니다."

"어허, 그토록 용맹한 대장군이 어찌 그리 약한 소리를 하는 게요? 이곳을 지나면 서라벌로 가는 길이 훤히 뚫릴 테니 잔말 말고 진을 치도록 하오!"

나는 신숭겸이 그날따라 유난히 조심스러워하자 나도 모르게 버럭 역정을 냈다.

나는 진을 치라고 명령하고 다시 한 번 주변 지형을 살폈다. 그때 어디선가 둥둥 북소리가 울리고, 삘릴리 뿔피리 소리가 요란하게 들리더니 후백제군이 물밀듯이 밀려오는 게 아닌가!

"아뿔싸, 매복이다! 견훤이 선수를 쳤어!"

내 생각과 달리 후백제군은 서라벌에서 쉴 만큼 쉬고, 배불리 양식을 먹은 탓에 힘이 넘쳤다. 그런데다 우리 쪽 군사들은 먼 길을 오느라 지칠 대로 지친 불리한 상황이었다.

"으악!"

여기저기서 우리 군사들이 피를 흘린 채 쓰러졌다. 후백제의 기병들은 저승사자_{저승에서 염라대왕의 명을 받고 죽은 사람의 넋을 데리러 온다는 심부름꾼}처럼 이리 뛰고 저리 뛰며 우리 군사들을 짓밟았다.

'아, 내가 어리석었구나. 내가 자만했어!'

나는 땅을 치고 후회했지만 이미 때는 늦었다. 후백제 군사들은 더욱 의기양양하여 개미 떼처럼 달려들었다.

"폐하를 피신시켜라! 어서 폐하를 모셔라!"

신숭겸은 큰 소리로 명령했다. 그런 중에도 후백제군은 산등성이를 타고 파도처럼 밀려왔다. 삶과 죽음의 갈림길이 눈앞에 놓여 있었다.

그때 신숭겸이 갑자기 갑옷을 벗으며 나를 향해 낮게 외쳤다.

"폐하, 어서 소신의 갑옷으로 바꿔 입으소서. 그리고 이곳을 빠져나가시옵소서!"

"대장군, 대체 그게 무슨 말인가? 어찌 내가 살자고 그대를 죽음의 구렁으로 몰아넣겠는가? 죽어도 함께 죽고, 살아도 함께 살아야지!"

나는 안타깝게 소리쳤다.

"폐하, 싸우다가 나중을 위해 후퇴하는 건 치욕이 아닙니다. 부디, 저를 따르십시오!"

곁에 있던 천둥이도 다급하게 재촉했다.

"폐하, 어서 신숭겸 대장의 뜻을 따르시옵소서! 머뭇거릴 시간이 없습니다!"

"폐하, 신의 무례를 용서하시옵소서!"

신숭겸은 내가 입은 갑옷을 마구 벗겨 자신이 입었다. 체구가 비슷한 탓에 금빛 갑옷에다 금빛 투구를 쓴 신숭겸은 언뜻 보아도 나와 닮아 보였다.

"오오, 대장군! 부디, 살아서 돌아오라! 부디!"

나는 신숭겸이 벗어 놓은 갑옷을 입고, 천둥이 끌고 온 말을 타고 서둘러 전쟁터를 빠져나왔다.

"후백제 군사들아! 어서 이리 와서 내 칼을 받아라! 내가 바로 고려 임금이니라!"

신숭겸의 목소리가 쩌렁쩌렁 산을 울렸다. 내가 안전하게 피할 수 있도록 후백제 군사들을 자기 쪽으로 유인하려는 것이었다.

"우아, 고려 임금이다! 고려 임금 왕건을 사로잡아라!"

창검을 든 한 떼의 후백제 군사들이 우르르 신숭겸 쪽으로 몰려가는 게 보였다.

"아아, 신숭겸 대장군…… 내 어찌 그대를……."

나는 허둥지둥 달려가는 말 위에서 피눈물을 흘렸다.

결국 나는 신숭겸의 도움으로 위기를 벗어났다. 하지만 그토록 빌었건만 신숭겸과 김락을 비롯하여 전이갑, 전의갑 형제 등 수많은 군사들이 무참하게 죽고 말았다.

"흐흑, 폐하, 후백제의 금강 왕자가 자신의 군사들이 폐하를 잡은 줄 알고 기뻐 날뛰었다고 하옵니다. 그러다가 황금 갑옷의 주인이 폐하가 아니라 대장군인 줄 알고는 목을 베어……."

천둥은 더는 말을 잇지 못했다. 뒷말은 듣지 않아도 모든 걸 짐작할 수 있었다. 그들은 분명 신숭겸의 목을 베어 창에 꽂고 함성을 질렀을 터였다.

"대장군…… 나를 살리고 그대가 죽었구려, 으흐흐……."

한 번도 마음껏 울어 보지 못한 나였다. 전쟁터를 누비며 수많은 죽음을 본 나였다. 하지만 신숭겸의 죽음은 가슴이 저미도록 애통했다.

문득, 나라를 세우고 난 뒤 얼마 지나지 않은 어느 날 신숭겸과 황해도 평주_{평산이라고도 함}로 사냥을 나갔던 일이 떠올랐다. 하늘을 날아가는 세 마리의 기러기를 보고 내가 물었다.

"누가 저 기러기를 떨어뜨릴 수 있겠는가?"

"제가 하겠습니다."

신숭겸이 앞으로 나서며 말했다.

"그럼 저기 세 번째 날아가는 기러기를 맞혀 보아라!"

신숭겸은 내가 가리킨 기러기를 향해 힘껏 활시위를 당겼다. 화살은 정확히 세 번째 기러기의 왼쪽 날개에 맞았다.

"참으로 명궁이로다, 명궁이야! 이 같은 솜씨는 그동안 본 적이 없다. 내가 이곳 평산을 그대의 본관_{시조가 난 곳}으로 하사하고, 식읍_{공을 세운 대신에게 주는 토지} 3백 결을 내리겠노라!"

그 후 신숭겸은 평산 신씨의 시조가 되었다. 신숭겸과의 옛일을 떠올리자 애통함은 점점 더해 갔다.

나는 신하들에게 일렀다.

"신숭겸 대장군의 장례를 후하게 치르고, 목이 잘린 신숭겸을 위해 황금으로 두상을 만들도록 하라. 또한 행여 훗날 어리석은 자들이 황금에 눈이 어두워 무덤을 파헤칠지 모르니, 똑같은 무덤 세 개를 나란히 만들도록 하라!"

나는 그렇게 이르고도 슬픔이 가시지 않아 팔관회통일 신라와 고려 시대에 해마다 음력 10월 15일은 개경에서, 11월 15일은 서경에서 토속신에게 제사를 지내던 의식 행사 때 지푸라기로 신숭겸과 김락, 두 장수의 모습을 만들어 옆에 앉혀 놓은 채 술잔을 기울였다.

"내 그대들의 죽음이 헛되지 않도록 반드시 후백제를 꺾고 삼한 통일을 이루리라!"

나는 입술을 깨물며 다짐했다.

무너지는 후백제

'견훤은 나의 숨통을 조르러 달려올 것이다. 그래, 오너라. 어서 오너라! 내 지난번과 같은 실수는 결코 되풀이하지 않으리라!'

나는 다가올 싸움이 나와 견훤의 마지막 전쟁이 되리라는 것을 알고 있었다. 그 전쟁에서 이기는 사람이 결국 삼한 통일을 이루게 되리라는 것도.

어느 날, 나는 천둥을 데리고 대장간으로 갔다. 아버지의 뒤를 이어 대장간의 총책임을 맡은 천둥의 아내 별이가 여장부처럼 날마다 일꾼들을 독려하며 무기를 만들고 있었다. 무기를 만드는 관청이 따로 있었지만, 나는 별이가 이끄는 대장간에 특별 지시를 내려놓은 터였다.

대장간에서는 수많은 일꾼들이 일을 했다. 그때 쇳소리보다 더 날카로운 소리가 들려왔다.

"네, 이놈! 쇳덩어리를 훔쳐다가 가마솥을 만들었단 말이지? 이 쇳덩어리가 네 눈에는 그냥 쇠로 보이느냐? 이건 삼한 통일을 위한 창이 되고 칼이 될 쇳덩어리란 말이다! 감히 네놈이 욕심에 눈이 멀어 이걸 몰래 훔치려 했단 말이지? 여봐라, 이 녀석을 창고에 가두고 물 한 모금, 밥 한 톨 주지 마라!"

가까이 다가가 보니 별이였다. 여린 모습은 온데간데없고 살이 통통한 여장부가 된 별이가 한 일꾼을 혼내던 참이었다.

"하하, 그쯤 해 둬라. 어릴 적 당찬 성격은 여전하구나."

"폐, 폐하, 어서 오시어요!"

별이가 소스라쳐 놀라 허리를 굽혀 인사했다.

"그래, 자네가 얼마나 많은 무기를 만들었는지 보러 왔노라. 다가올 후백제와의 전쟁은 고려의 운명이 걸린 싸움이다."

"폐하, 패배는 결코 없을 것이옵니다. 후백제의 기병 따위는 두렵지 않을 만큼 튼튼하고 막강한 고려의 무기를 만들었사옵니다. 쇤네를 믿어 주십시오!"

"암, 믿고말고."

남편인 천둥이를 내게 빼앗기고도 씩씩하게 살아가는 별이가 나는 마냥 고맙고도 미안할 따름이었다.

"내 삼한 통일을 이룬 뒤에는 너희를 자유롭게 살게 해 줄 터이니 조금만 참아라. 오붓하게 서로 마주 앉아 이야기도 나누고, 아이들의 재롱도 보며 살도록 말이다."

"폐하, 그게 어인 말씀이십니까? 쇤네는 그저 폐하를 위해 일할 수 있는 것만으로도 감읍 감사하여 목메어 욺할 따름입니다."

"폐하, 소인을 버리려 하시옵니까? 그건 안 될 말씀이옵니다."

천둥이와 별이가 화들짝 놀라 소리쳤다.

"내 그대들이 있어 참으로 든든하도다!"

나는 눈물을 애써 참으며 궁을 향해 길을 나섰다. 막 궁궐 문을 지나는데 한 노인이 수문장과 실랑이 이러니저러니, 옳으니 그르니 하며 남을 못살게 굴거나 괴롭히는 일하는 게 보였다.

"감히 폐하를 뵙겠다니, 정신이 나간 게요? 썩 물러가시오!"

"꼭 드릴 말씀이 있어서 찾아왔소. 폐하를 뵙게 해 주오!"

노인은 구박을 당하면서도 물러서지 않았다. 꼿꼿한 태도며 자신 있는 목소리가 어쩐지 보통 노인처럼 보이지 않았다.

"호위 무사, 가서 저 노인을 모셔오너라."

나는 천둥에게 일렀다.

조금 뒤 내 앞으로 온 노인은 엎드려 절하며 말했다.

"폐하, 평생 폐하를 뵙는 게 소원이었습니다. 저는 그 옛날 폐하께서 산둥 반도 등주에 오셨을 때 만났던 상쇠라고 하옵니다. 그때 폐하께서 제게 은반지를 주셨습지요. 어린 소녀를 꼬드겨 몰래 술집에 팔아넘기려던 저에게 말이지요……."

"아니, 그때의 그 총각이 노인이란 말이오?"

나는 깜짝 놀라 노인을 바라보았다. 차림새가 허술하지 않은 걸 보니 그사이 살기가 넉넉해진 모양이었다.

"폐하, 저는 폐하께서 주신 은반지를 밑천 삼아 당나라와 신라,

후백제, 고려, 멀리 발해까지 오가며 장사를 했습니다. 그 덕분에 큰 재산을 모아 부자가 되었지요. 그런데 어쩌다가 고려의 임금이신 폐하께서 바로 왕건, 저의 은인이라는 걸 알게 되었습니다. 참으로 감축드리고, 감축드리옵니다, 폐하!"

"하하, 오랜 세월이 흘렀는데도 나를 잊지 않고 이렇게 찾아 주어 고맙소."

천둥이 그제야 수십 년 전의 일을 떠올리고 얼굴이 붉으락푸르락 어쩔 줄 몰랐다.

"폐하, 그렇다면 저 노인이 바로 제 안사람을 술집에 팔아넘기려던 그자란 말이옵니까?"

"하하하! 호위 무사, 진정하고 저 노인의 말 좀 들어 보자꾸나. 그래, 무슨 일로 나를 찾아왔소?"

나는 노인을 향해 부드럽게 물었다.

"폐하, 오늘 쇤네가 이렇게 찾아온 건 다름이 아니오라……."

노인은 사방을 살피다가 목소리를 낮춰 말했다.

"제가 듣기에 후백제의 견훤이 수많은 정예 기병을 이끌고 의성부로 쳐들어가 고려의 장군을 죽였다고 하옵니다. 그러고는 지금 고창_{안동} 가까운 곳에 진을 치고 고려군을 공략할 대비를 하고 있다 하옵니다. 부디 선수를 치시어 이 위기를 넘기소서."

"음, 내 그대의 말이 진실임을 믿겠소. 참으로 고맙소."

나는 노인에게 치하를 아끼지 않았다.

상쇠의 말을 들은 나는 서둘러 장수들을 불러 의논했다.

"폐하, 그렇잖아도 지금 막 의성부를 지키던 장수 홍술이 후백제군에게 죽임을 당했다는 보고가 들어왔나이다."

"그렇다면 후백제는 신라로 들어가는 길목인 공산과 의성을 차지한 뒤 우리를 고창성 부근의 병산에 몰아넣고 공략하려는 계략인 듯싶습니다."

"음, 서둘러라! 짐이 이번 전투에 직접 나갈 것이다!"

나는 황금 갑옷과 황금 투구를 썼다.

'이번이 마지막이다. 반드시 견훤의 군사들을 무찌르리라. 그리하여 공산 전투에서 죽어 간 군사들의 넋을 위로하고, 삼한 통일의 대업을 앞당길 것이다!'

나는 유금필 장군에게 선봉장을 맡기고 날랜 군사들을 이끌고 고창성으로 달려갔다.

한겨울 날씨는 코가 날아갈 듯 매서웠다. 하지만 지난번 공산 전투에서 패한 후 날마다 장수들과 머리를 맞대고 병법을 연구하고, 견훤의 예상 경로를 익힌 탓에 사기는 어느 때보다 드높았다.

눈이 쌓인 길을 단숨에 달려간 군사들은 병산의 으슥한 산봉우리 뒤에 숨어서 견훤의 군사를 기다렸다. 마침내 견훤의 군사들이 저벅저벅 다가오는 소리가 들려왔다.

때를 놓치지 않고 유금필 장군이 큰 소리로 외쳤다.

"고려 군사들이여, 드디어 때가 왔다! 나를 따르라!"

"우아!"

군사들은 함성을 지르며 견훤의 군사와 맞서 싸웠다. 그들은 공

산 전투에서 억울하게 죽어 간 군사들의 넋을 위로해 주려는 듯 그 어느 때보다 용맹하고 날쌔게 움직였다.

"고려군은 힘없는 허수아비다! 겁내지 말고 진격하라!"

후백제 장수들도 목이 터져라 외쳤다. 양쪽 다 마지막 결전을 치르는 심정으로 그동안 갈고닦은 실력을 아낌없이 쏟아부었다. 두 나라 군사들은 좀처럼 승부를 내지 못한 채 팽팽하게 맞섰다.

그때였다. 갑자기 후백제 군사들의 뒤쪽에서 땅이 꺼질 듯한 함성 소리가 들려왔다. 신라 왕족인 고창성 성주가 군사를 몰고 후백제의 뒤꽁무니를 치러 나온 것이다.

"앞에는 고려군이, 뒤에는 신라군이 우릴 공격하고 있다!"

후백제 군사들은 갑작스러운 신라군의 공격에 우왕좌왕하며 어쩔 줄을 몰랐다. 이미 유금필 장군이 적의 보급로^{작전 지역에 물자를 나르기 위한 길}를 끊어 놓은 터라, 후백제군은 시간이 갈수록 추위와 굶주림에 지쳐 갔다.

우리 군사들은 더욱더 맹렬하게 후백제 군사들을 공격했다. 그러자 8천여 명에 이르는 적군이 하나둘 눈밭에 쓰러졌다. 남은 군사들도 서둘러 견훤을 둘러싼 채 도망쳤다.

"우리가 이겼다! 우리가 이겼어!"

"폐하, 만세! 만세!"

고려 군사들의 함성이 하늘을 찌를 듯 높아만 갔다.

"오, 참으로 장하도다!"

나의 두 눈에서 뜨거운 눈물이 흘렀다. 공산 전투의 패배를 딛고 이룩한 값진 승리였다. 그토록 강인한 후백제의 기병도 우리의 칼날을 피해 가지 못했다.

"폐하, 이번 전투는 경상 지역에 있던 견훤의 세력을 모조리 몰아낸 쾌거통쾌하고 장한 승리이옵니다. 더군다나 영안풍산, 하곡안동 부근, 송생청송 등 근처 30여 성의 성주들이 우리에게 항복해 왔으니, 참으로 폐하의 홍복큰 행복이 아니옵니까?"

시헌이 감격하여 외쳤다.

병산 전투의 승리 후 명주강릉, 흥례울산를 비롯한 천여 개의 성이 우리 쪽 차지가 되자, 군사들의 기세는 하늘 높은 줄 몰랐다. 반대로 후백제의 기세는 눈에 띌 만큼 곤두박질쳤다. 그러자 신라 경순왕도 승리를 축하하는 편지를 보내 은근히 항복의 뜻을 비쳤다. 이제 신라 왕경경주으로 가는 길에 거칠 것이 없었다.

나는 신라 경순왕을 위로하기 위해 천여 명의 군사를 이끌고 왕경으로 향했다.

"여봐라, 견훤은 군사를 이끌고 왕경으로 쳐들어가 백성들의 원성이 자자했다. 우리는 그들의 마음을 어루만져 줘야 한다. 백 번 싸워 백 번 이기는 게 최선이 아니다. 싸우지 않고 상대를 이기는 것, 그게 바로 짐의 뜻이다! 그러니 죄 없는 백성들의 재물을 빼앗는 자는 엄벌에 처하리라!"

우리가 신라 왕경의 궁전 가까이 이르자 나는 기병 50명만 이끌고 궁 안으로 들어섰다. 수많은 군사를 이끌고 가면 신라 백성들이 두려워할 게 뻔했기 때문이다.

"어서 오십시오!"

경순왕은 궁성 정문까지 나와 기쁜 얼굴로 나를 맞았다.

"이제 고려와 신라는 형제의 의리로 서로 화친서로 의좋게 지냄할 것이오!"

"폐하 덕분에 신라도 안정을 찾을 것이옵니다."

경순왕은 그제야 안심이라는 듯 환하게 웃었다.

나는 왕경에 머무는 동안 후한 대접을 받았다.

"지난번에 견훤을 만났을 때는 호랑이처럼 무서웠건만 왕건을 만나니 마치 부모를 만난 듯해."

"견훤은 신라의 왕을 죽게 한 원수지만, 왕건은 자비와 사랑으로 우리를 대하지 않는가?"

신라 백성들은 내가 떠나는 날 도성 밖까지 늘어서서 환송했다.

그 무렵, 거란에게 망한 발해의 태자가 신하들과 유민들을 이끌고 고려로 귀부했다. 나는 궁예가 신라 유민들을 내치던 것과 달리 그들을 따스하게 맞아 주었다.

"그들은 옛 고구려 땅을 지키던 자들이다. 이제 그들은 너나 할 것 없이 짐의 백성들이니라!"

덕으로 백성들을 감싸는 일, 그게 바로 내가 나라를 다스리는 방법이었다.

드디어 이룬 삼한 통일

어느 날, 시헌이 허둥지둥 달려와 말했다.

"폐하, 후백제의 견훤이 지금 이리 오고 있다 하옵니다. 지난 공산 전투의 승리가 넷째인 금강 왕자의 공이라며 그를 태자로 삼자, 이에 불만을 품은 맏아들 신검과 용검, 양검 형제들이 그동안 견훤을 금산사에 가둬 두었답니다. 이 일에 분개한 견훤은 급기야 그곳을 탈출하여 후백제를 버리고 폐하께 몸을 의지하러 오는 길이라 하옵니다."

"오, 어찌 그런 일이!"

나는 믿을 수가 없었다. 견훤이 누구인가? 한평생 전쟁터를 누비며 삼한 통일을 꿈꾸던, 그 어느 장수보다 뛰어나고, 담력_{겁이 없고 용감한 기운}이 큰 장수가 아니던가? 그런 견훤이 나에게 무릎을 꿇으러 오다니!

"아, 하늘이 또 한 번 나를 돕는구나!"

나는 떨리는 가슴으로 견훤을 맞을 준비를 서둘렀다.

얼마 뒤, 저만치 늙고 지친 한 노인이 나를 향해 걸어왔다. 한평생 나와 맞수가 되어 싸움터를 누빈 장수이자 한 나라의 임금이라기엔 너무나 초라한 모습이었다.

"어서 오십시오. 참으로 황공하옵니다."

나는 눈시울을 붉히며 달려가 견훤의 손을 맞잡았다.

"이리도 환대해 주니 고마울 따름입니다."

견훤의 주름진 눈가에 뜨거운 눈물이 주르르 흘렀다.

"상부, 이제 아무 염려 마십시오. 부디 이곳에서 여생을 편안하게 지내십시오."

나는 진심으로 견훤을 상부라고 부르며, 그의 아버지 아자개를 대하듯 공경을 다했다. 그리고 양주 땅을 하사하여 평생 그곳에서 편안한 나날을 보내도록 했다.

기쁨은 또 다른 기쁨을 몰고 오는 것일까?

또다시 놀라운 사건이 벌어졌다.

어느 날 신라 경순왕이 신하들을 이끌고 개경으로 오고 있다는 놀라운 전갈이 날아들었다.

'천 년 세월을 이어 오던 신라가 아닌가? 그 신라의 임금이 나라를 고스란히 내게 바치러 오고 있다니!'

나는 기쁜 마음으로 달려가 경순왕을 맞이했다.

"어서 오시오, 어서!"

"폐하, 부디 신라와 신라 백성들을 굽어살펴 주옵소서! 신라와 신라의 백성들이 후백제 군사들에게 짓밟히는 걸 더는 볼 수 없어 이렇게 찾아왔나이다!"

경순왕은 눈물을 글썽이며 말했다. 신라의 마지막 임금, 그의 마음이 어떠할지 알고도 남았다.

나는 경순왕의 손을 덥석 잡으며 다짐했다.

"참으로 고맙소이다. 내 그대의 백성들을 따스하게 맞아 주리다!"

나는 무고한 백성들이 더는 괴롭힘을 당하지 않도록 큰 결단을 내린 경순왕이 고맙고도 고마웠다. 하지만 경순왕의 뜻에 끝까지 반대하던 첫째 왕자 마의 태자가 삼베옷을 입고 금강산으로 들어갔다는 소식은 내 마음을 아프게 했다. 막내아들 범공 또한 화엄사에 들어가 스님이 되었다는 안타까운 소식도 뒤이어 들려왔다.

"내 그대를 태자의 지위와 맞먹는 정승공에 봉하고, 금성 경주 을 식읍으로 내리니, 부디 그곳을 지금처럼 잘 다스려 주시오."

천 년 사직 나라 또는 조정 을 내려 놓은 경순왕, 아들들을 떠나보내야만 했던 경순왕의 아픈 마음을 나는 어떻게든 달래 주고 싶었다. 신라와 그의 신하들은 물론 백성들이 모두 나의 백성이었으니까.

이제 남은 건 후백제뿐이었다. 나는 서두르지 않았다.

'어린 시절 아버지가 내게 일러 주셨지. 물길을 거스르려 하지 말고 몸을 맡기면 된다고. 마찬가지로 사람도 힘을 가하면 가할수록 거칠어진다고 하셨지. 기다릴 것이다. 그들 스스로 나를 찾아

오도록.'

나의 기다림은 오래 걸리지 않았다.

이듬해, 견훤은 아들 신검이 군사를 일으켜 고려를 치려 하자 나를 도와 앞장서서 전쟁터로 달려 나갔다.

후백제의 군사들은 견훤이 하얀 머리를 휘날리며 선봉에 서 있는 모습만 보고도 놀라서 물러섰다.

"아니, 견훤 폐하 아니신가?"

"우리가 어찌 폐하가 거느리고 있는 군사들을 향해 창칼을 휘두른단 말인가?"

"이제 보니 신검은 제 아비를 가두고 왕위에 오르려는 고약한 놈이 아닌가?"

후백제 군사들은 이미 싸울 의욕을 잃었다. 그리하여 나는 피 흘리지 않고 신검의 군사들을 물리치고 백제를 꿈꾸며 세운 나라, 후백제를 손에 넣을 수 있었다.

"폐하, 드디어 삼한 통일의 주인이 되셨나이다!"

"대고려국의 황제가 나셨다!"

온 신하들과 백성들의 함성은 그칠 줄 몰랐다. 나는 그해 위봉루에 올라 삼한 통일을 이루고 황제의 자리에 올랐다.

저녁 해는
지고

"참 대단한 나날이었지."

나는 입술을 달싹이며 중얼거렸다.

어렴풋이 나를 둘러싸고 있는 신하들이며 왕비들, 공주들, 왕자들이 보였다. 시헌도 보이고, 천둥도 보이고……. 그 앞에서 눈물을 글썽이는 태자 무도 보였다.

'나라를 지키기 위해 무던히도 많은 호족의 딸들과 혼인을 했지. 내가 맞이한 왕비가 대체 몇이었더라? 열 명, 스무 명? 그래 스물아홉 명이나 되었지. 첫째 왕비인 유천궁의 딸 신혜 왕후, 둘째 왕비인 오다련의 딸 장화 왕후, 셋째 왕비인 충주 유긍달의 딸 신명 왕후……. 아, 그러고도 셀 수 없이 많은 왕비를 맞이했지. 참으로 그대들에게 미안하오. 평생 전쟁터를 떠도느라 내 그대들을 보살피지 못했소.'

나는 왕비들에게 미안한 마음이 들었다. 그중에는 사랑으로 만난 왕비도 있었지만 대부분 이 나라를 지키려고 정략적으로 혼인한 사람들이었다. 하지만 이제 모든 게 다 끝이었다.

'이제 그 모두를 내려놓고…… 나는 떠나가오…….'

나는 그들을 하나씩 머리에 떠올리며 속으로 인사를 했다. 드디어 먼 길을 떠날 때가 온 것이다. 하지만 조금도 후회스럽거나 아쉬운 게 없었다. 삼한을 통일한 후 나라는 점차 부강해지고 있었으니까. 그건 내게 큰 축복이자 기쁨이었다.

내가 뛰놀던 예성강 포구는 여러 나라에서 온 상인들로 북새통을 이루고, 그들을 위한 객관 상인들을 치거나 묵게 하는 집들이 즐비하게 들어섰다.

'그 옛날 어찌 상상이나 했겠는가?'

나는 이 나라, 내가 세운 고려가 영원토록 이어지기를 마음속으로 빌고 또 빌었다.

'그래, 내가 떠나기 전에 마지막으로 내 뜻을 전하고자 열 가지 가르침을 담은 훈요십조를 내렸지. 불교를 숭상하고, 사원을 함부로 짓지 말며, 맏아들에게 왕위를 이어 가게 하고, 만약 그가 어질지 못하면 성품이 어진 자에게 왕위를 내리라는 것과, 당나라의 문물과 예악을 따르되 반드시 따를 필요는 없고, 서경을 중요하게 여겨 그곳에서 1년에 백 일을 머물며 나랏일을 할 것이며, 연등회 석가모니의 탄생일에 불을 켜고 복을 비는 의식와 팔관회를 성대히 하며…….'

나는 얼마 전 박술희를 불러 전해 준 훈요십조를 떠올렸다.

'이제 마음이 놓이는구나. 내가 떠나도 태자가 이 나라를 잘 다스릴 것이다. 옳지, 태자에게 다시 한 번 당부해야지. 암, 내가 어떻게 세운 나라인데…….'

나는 천천히 눈을 뜨고 태자 무를 바라보았다.

"태, 태자, 부디…… 이 나, 나라를……."

아무리 말을 하려 해도 입이 바짝 말라 말을 할 수가 없었다.

"…… 태, 태자……."

나는 간신히 손을 내밀었다.

"아바마마, 정신을 잃지 마시옵소서! 제발, 으흐흐……."

태자가 내 손을 움켜쥐었다. 어느덧 장성한 태자를 보니 새삼 마음이 든든했다.

'그래, 사람은 누구나 다 죽는 게 아니더냐. 나는 오래 살았다. 다만 너에게 이 나라를 맡기고 가니 참으로 미안하구나. 부디, 내 뒤를 이어 이 나라를 굳건히 세워 다오…….'

눈앞이 점점 희미해졌다. 왕비들도, 대신들도, 천둥이도, 시헌이도, 빙 둘러선 신하들의 얼굴도 뿌연 안개처럼 보였다.

그때였다.

"어서, 이리로! 이쪽으로!"

어디선가 아슴아슴 소리가 들려왔다. 아버지 같기도 하고, 신숭겸 같기도 하고, 얼핏 보니 궁예 같기도 하고, 누군가가 자꾸만 소나무가 잔뜩 우거진 숲에서 나를 부르고 있었다.

"가, 같이 가! 나랑 같이 가자니까……."

나는 온 힘을 다해 허둥지둥 그들을 뒤쫓았다. 하지만 내가 가까이 가면 갈수록 그들은 더 멀어져만 갔다.

"…… 같이…… 나랑…… 같이……."

"아바마마! 아바마마!"

"폐하! 오오, 폐하!"

궁궐 가득 울려 퍼지는 울음소리를 들으며 나는 조용히 먼 길을 떠났다. 저녁 해가 뉘엿뉘엿 지는 서쪽을 향해서.

후삼국 시대 연표

867년 견훤, 상주 가은현에서 태어남.

877년 왕건, 송악에서 태어남.

889년 '원종과 애노의 난' 등 전국적인 민란이 일어남.

892년 북원의 양길, 궁예를 앞세워 동쪽 땅을 공략.

견훤, 무진주를 습격하여 나라의 기틀을 다짐.

894년 궁예, 명주(강릉)를 점령한 뒤 독자적인 세력 쌓음.

896년 왕륭과 왕건 부자, 궁예에 귀부.

898년 궁예, 도읍을 송악으로 옮기고 김포군 양주, 혈구(강화) 등 30여 성 점령.

899년 양길, 비뇌성에서 궁예와 왕건에게 대패.

900년 견훤, 완산주(전주)에 도읍하고 후백제 건국.

왕건, 광주(경기)와 청주, 충주, 남양, 괴산 등 평정.

901년 궁예, 철원에 후고구려 건국.

903년 왕건, 후백제의 금성(나주) 등 10여 성 점령.

904년 궁예, 국호를 후고구려에서 마진으로 바꿈.

905년 궁예, 철원으로 다시 도읍을 옮기고 경상 북부 점령.

후백제, 경상 중부 점령.

906년 왕건, 상주 등에서 견훤과 여러 번 싸워 이김.

907년　후백제, 일선군(선산) 이남 10여 성을 빼앗음.

910년　왕건, 나주에서 견훤 제압.

911년　궁예, 국호를 태봉으로 변경.

914년　왕건, 해상권 제압을 위해 선박 백 척 건조.

918년　왕건, 궁예를 몰아내고 고려 건국. 태봉 멸망.
　　　　환선길 등의 역모 제압. 아자개, 고려에 귀부.

920년　견훤, 기병 만 명을 이끌고 대야성(합천) 점령.

921년　왕건, 왕자 무를 태자로 삼음.

924년　견훤, 고려의 조물성 공격.

925년　고려, 유금필 장군이 임존성(예산) 공략.
　　　　발해 백성들이 고려에 귀부.

926년　웅주, 운주(홍주) 등 충남 일대 10여 개 주현과 충북 일대가
　　　　후백제의 영향권에 들어감. 발해, 거란에 멸망.

927년　견훤, 신라의 왕경에 침입하여 경애왕을 자살케 하고 경순왕을 세움.
　　　　왕건, 후백제와 공산(대구) 전투에서 대패.
　　　　신숭겸이 왕건을 대신해 희생됨.

928년　견훤, 고려 부곡성 함락시킴. 오어곡성(경북 군위)을 공격해
　　　　고려군 천 명을 죽임.

929년 후백제, 나주 회복. 견훤, 의성부 침공.

930년 병산 전투. 왕건이 고창군(안동) 병산에서 후백제의 견훤과 싸워 크게 이김. 영안(영천), 안동, 송생(청송) 등 30여 개 군현이 왕건에게 항복.

931년 왕건, 신라 금성 방문.

932년 후백제 장수 공직(매곡성 성주), 고려에 투항. 후백제, 일길찬 상귀가 고려의 예성강으로 쳐들어가 염주, 백주, 정주 등 세 고을의 배 백 척을 불사름.

934년 발해 태자 대광현 등 발해 유민들이 고려에 귀부. 왕건, 운주 정벌. 웅진(공주) 이북의 30여 성이 고려에 항복.

935년 견훤, 아들 양검과 용검의 정변으로 금산사에 갇혔다가 탈출하여 고려에 투항. 신라 경순왕, 고려에 투항(신라 멸망).

936년 고려, 일선군(선산) 일리천 전투에서 신검의 후백제군에 대승. 신검, 아우들과 문무 관료들과 함께 항복. 왕건, 후삼국 통일 이룸. 견훤, 황산불사에서 죽음.

943년 왕건, '훈요십조'를 내리고 67세에 죽음.